Werra

KANU KOMPAKT

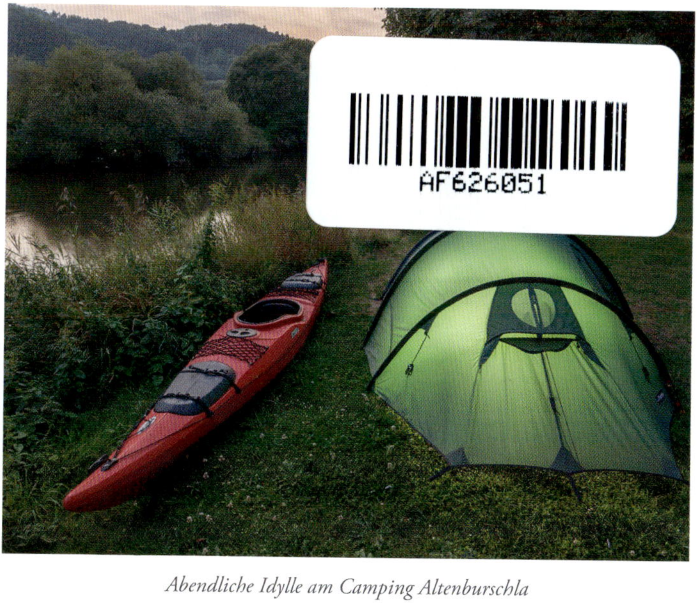

Abendliche Idylle am Camping Altenburschla

Impressum

2. aktualisierte Auflage 2022

©2015 **THOMAS KETTLER VERLAG**
Von-Hutten-Str. 15
D-22761 Hamburg
Tel. +49 (40) 39 10 99 10
Fax +49 (40) 390 68 20
www.thomas-kettler-verlag.de

Text & Fotos: Michael Hennemann
Titelfoto: *Lindewerra,* Michael Hennemann

Lektorat & Textergänzung: Thomas Kettler
Idee & Konzept: Carola Hillmann
Satz: Carola Hillmann, Ivonne Leuchs (haptografie.de)
Wasserwanderkarten: Jübermann - Kartographie u. Verlag, Carola Hillmann
Stadtpläne & Umschlagkarten: Stepmaps, Heide Schwinn

Illustration Kanufahrschule: Ann-Sophie Ränger, Carola Hillmann
Lektorat Kanufahrschule: Falk Bruder
Druck & Gesamtherstellung: Drukarnia Beltrani Sp. J., Krakau

Weitere Fotonachweise *(o. =oben, m. = mitte, u. = unten):*

Thomas Kettler *(Seite 6,7, 19u., 20, 24o., 24u., 25o., 25u., 26u., 28, 34o., 34u., 36o., 36u., 39, 41, 42o., 44, 47, 54 u.li. 54 u.re., 62o., 62u., 63o., 63u., 71o., 71u., 76, 78)*
Metilsteiner/Wikimedia Commons *(Seite 30)* K+S 2015 *(Seite 50u.);*
Andreas Hub *(Seite 58o.);* Artem Dontsov/Wikimedia Commons *(Seite 58u.)*
Andreas Nestler *(Seite 60o.);* A.Savin/Wikimedia Commons *(Seite 60u.)*
Hainich ©Rüdiger Biehl *(Seite 66o.);* Hainich ©Thomas Stephan *(Seite 66u.);*
Letzter Heller *(Seite 85);* Hann. Münden Marketing / Lars Gerhardts *(Seite 90-91).*

Bibliografische Information der Deutschen Nationalbibliothek
Die Deutsche Nationalbibliothek verzeichnet diese Publikation in der Deutschen Nationalbibliografie; detaillierte bibliografische Daten sind im Internet über *http://dnb.d-nb.de* abrufbar.

ISBN 978-3-934014-98-5

Inhaltsverzeichnis

Infos zum Kanufahren, zur Region und zur Werra

Kanutour auf der Werra von Themar bis Hann. Münden

Adressen

Weiteres

Vorwort

Über Jahrzehnte lagen weite Teile des Werratals im Sperrgebiet entlang der innerdeutschen Grenze. Mit der Wiedervereinigung tauchte die vielgestaltige Kulturlandschaft in Deutschlands Mitte mit ihren unzähligen Burgen, Schlössern, Klöstern und Kirchen, schnuckeligen Dörfern und sehenswerten Städtchen wie Meiningen oder Eschwege wieder auf der touristischen Landkarte auf. Seit der Wiedervereinigung entdecken immer mehr Kanufahrer den spannenden Fluss zwischen Thüringer Wald und Rhön, zwischen Hainich, Meißner und Kaufunger Wald.

Auf den folgenden Seiten finden Sie Hinweise zur Anreise ebenso wie Übernachtungsmöglichkeiten in Wassernähe oder die Möglichkeit ein Kanu zu mieten. Aber auch Tipps für den ein oder anderen Landgang kommen nicht zu kurz und so machen wir z. B. Vorschläge für lohnende Wanderungen, Stadtrundgänge oder die urige Pause in einem zünftigen Biergarten.

Kombiniert mit fundierten Wasserwanderkarten bekommen Sie so einen umfassenden Begleiter für die eigene Kanutour an die Hand, der alle Fragen zuverlässig beantwortet, die vor, während und nach der Tour auftauchen.

Der Umschlag ist aus robuster, wasserabweisender Strukturfolie gefertigt, das Buch selbst aber nicht wasserfest und ist deshalb in einer wasserdichten Tasche oder Tonne am besten aufgehoben. So geschützt haben Sie lange Freude daran – denn wenn Sie den Reiz einer Kanuwanderung auf der Werra erst einmal erlebt haben, werden Sie sicherlich gerne wiederkommen.
In diesem Sinne wünsche ich viel Spaß und tolle Erlebnisse auf dieser Kanutour.

Ihr Michael Hennemann

Kanu & Ausrüstung

Das Kanu

Bevor es an die Planung der Tour geht, steht die Frage nach Kanu und Ausrüstung. **Kanu** ist der Oberbegriff für alle Boote ohne befestigtes Ruder, also sowohl Canadier/ Kanadier (umgangssprachlich oft Kanu genannt) als auch Kajaks.

Das **Kajak** ist oft bis auf eine kleine Sitzluke geschlossen, wird mit einem Doppelpaddel gefahren und ist insbesondere für kleine, schnelle Flüsse oder auch wegen seines windschlüpfrigen Verhaltens für größere Seen geeignet. Der Nachteil liegt darin, dass die Zuladung beschränkt, das Ein- und Aussteigen umständlich und die Sitzposition, anders als beim

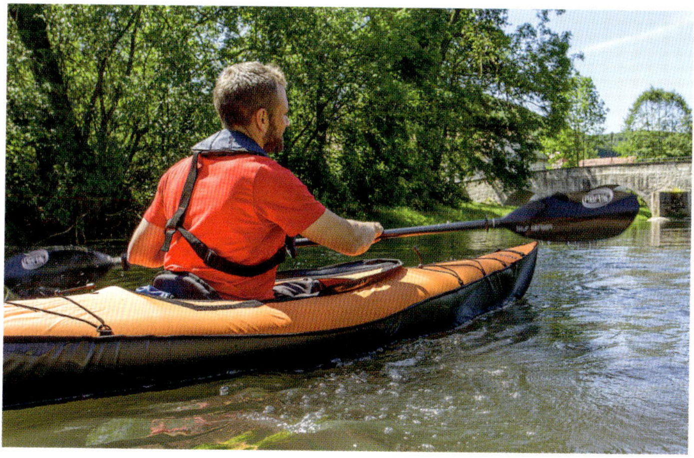

Die Werra lässt sich auch gut mit Faltbooten befahren

Canadier, durch die Bauweise vorgegeben ist. Kajaks gibt es generell für ein oder zwei Personen, manchmal auch mit 3 Sitzluken.

Der **Canadier** besticht durch sein großzügiges Raumangebot – in ihm findet auch eine vierköpfige Familie Platz – und das einfache Beladen, Ein- und Aussteigen. Er wird mit dem Stechpaddel gefahren und ist offen, dadurch können sich Kinder in ihm freier bewegen. Auch bieten sich im Sitzen mit angewinkelten oder gestreckten Beinen oder kniend variantenreiche Sitzpositionen, die ein ermüdungsfreieres Paddeln ermöglichen. Die größere Kippstabilität wird vom Anfänger als angenehm empfunden. Sein Nachteil liegt eindeutig bei der größeren Windanfälligkeit, die das Befahren von großen, offenen Wasserflächen mühsam oder gar gefährlich werden lassen. Doch kann er mit einer Persenning (Spritzdecke) auch spritzwasserfest und weniger windanfällig gemacht werden.

Eine Sonderform sind **Faltboote** (Canadier und Kajak). Sie können für das gleiche Tourenspektrum eingesetzt werden wie feste Boote, lassen sich durch das kompakte Packmaß im unaufgebauten Zustand aber leichter transportieren (z. B. auch mit der Bahn) und nehmen in der Garage oder auf dem Dachboden weniger Platz weg.

Schlauchboote (Luftboote) – in Canadier- oder Kajakform – sind in der Regel relativ langsam und laufen nur mäßig geradeaus, sodass sie für längere Touren auf Wanderflüssen nur bedingt geeignet sind. Sie sind für mittelschweres Wildwasser konzipiert.

Zum notwendigen Zubehör gehören:

- **Paddel.** *Doppelpaddel* (Kajak) sollten eine Länge von ca. 220-240 cm haben, während das im Canadier verwendete *Stechpaddel* beim Stehen des Paddlers bis unters Kinn reichen sollte. Für Kinder darf es ruhig etwas länger sein. Kunststoffpaddel sind zwar pflegeleichter als Holzpaddel, die aber sind vom Material her sympathischer.

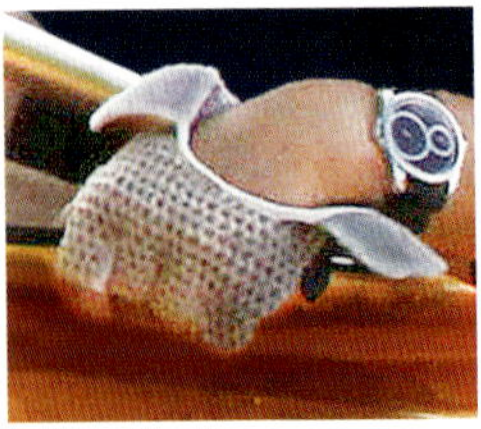

Tipp: Paddel- oder einfache Radhandschuhe schützen empfindliche Hände vor Blasen.

- **Reservepaddel.** Muss in jedem Kanu griffbereit, aber sicher befestigt vorhanden sein. Noch wichtiger ist dies bei Solopaddlern, da sie manövrierunfähig werden, wenn das Paddel über Bord geht.
- **Rettungsweste.** Kein Kind darf ohne ohnmachtssichere Rettungsweste ins Boot. Sie hat einen Kragen, der den Kopf über Wasser hält und so wirklich vor dem Ertrinken schützt.
- **Schwimmweste.** Jeder Erwachsene sollte sie tragen (auch als Vorbildfunktion). Wie die Rettungsweste auch, muss sie dem Körpergewicht des Trägers angepasst sein.
- **Wurfsack.** Zum Retten eines Schwimmers vom Ufer aus. Der Nylonbeutel mit einem Auftriebselement und etwa 20 Meter Seil ist immer dabei, egal ob Wildwasser oder Wanderfahrt.
- **Bootswagen.** Ist für längere Landtransporte unverzichtbar. Wer sich einen zulegt, sollte gleich auf gute Verarbeitung achten. Er muss stabil, das Rohrgestell verschweißt statt genietet und zusammenklappbar sein, breite Räder und eine Stütze haben, so dass er auch von nur einer Person beladen werden kann.
- **Praktisches:**
  - ***Leinen*** zum Anbinden und Halten des Kanus.
  - ***Spanngurte*** zum Festzurren der Gepäck-Säcke / -Tonnen am Kanu.
  - Ein ***Schwamm*** zum Säubern und „Entwässern" des Kanus.
  - Ein ***Schloss*** (z. B. Spiralfahrradschloss) zum Sichern des Kanus am Ufer bei Besichtigungen und/oder festen Unterkünften.
  - Eine ***wasserdichte Kartentasche*** mit Befestigung am Boot.
  - ***Kniepolster /-matte*** aus geschlossenporigem Schaumstoff fürs kniende Paddeln im Canadier.
  - ***Reparaturzeug:*** wasserfestes Duck Tape-Klebeband (klebt fast alles), ein Mehrzwecktaschenmesser oder Tool mit Schraubenzieher, eine Kombizange und Reparatur-Set fürs Kanu.

Tipp: Wer auch an Land mobil sein möchte („Zurück zum Pkw"), sollte in Erwägung ziehen, ein Faltrad mitzunehmen. Durch optimierte Falt-Scharniere wird aus dem Fahrrad innerhalb weniger Sekunden ein kleines, handliches Paket.

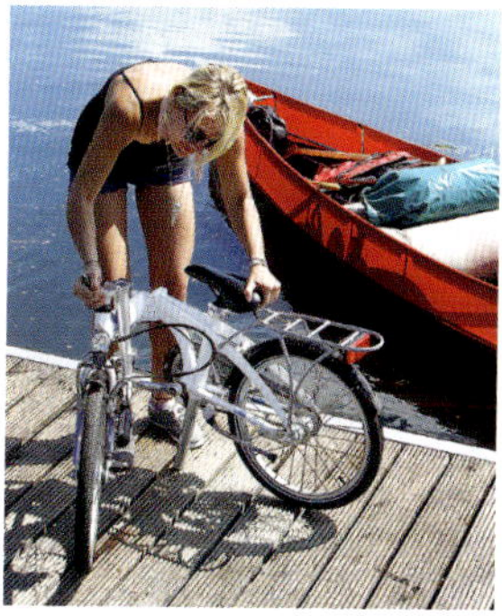

Ein Faltrad steigert die Mobilität

Kanu mieten oder kaufen?

Zu Anfang ist es sinnvoll, sich ein **Kanu zu mieten**. Daher nennen wir in diesem Buch Kanuvermieter und Tourenveranstalter für jede Etappe.

Idealerweise ist bei der Auswahl des Vermieters/Veranstalters darauf zu achten, dass er Mitglied im **BVKanu** (***Bundesverband Kanu e. V.***) ist. Die Mitglieder garantieren Qualität und qualifizierte Mitarbeiter, Sicherheit und fachkundige Einweisung sowie einen Einsatz für den Naturschutz im Kanutourismus.

Das ***Qualitätssiegel QMW Kanu*** steht nochmal extra für besonders gute Qualität und Sicherheit bei Anbietern.

Hat man sich zum **Kauf eines eigenen Kanus** entschlossen, stellen sich verschiedene Fragen. Welche Gewässer möchte ich vorwiegend befahren? Fahre ich alleine im Boot oder mit dem Partner, mit Kindern, mit der ganzen Familie? Mache ich nur kleine Tagestouren oder gar mehrwöchige Gepäckfahrten? Wie transportiere ich mein Kanu? Wo lagere ich es?

Um sich für das individuell geeignete Kanu zu entscheiden, sollte man am besten ein sogenanntes **„Testival"** besuchen, das von großen Fachhändlern, Kanuherstellern oder den Kanuverbänden meist an einem Wochenende zum Auftakt der Saison (April, Mai, teils auch im Juni) veranstaltet wird. Dort kann man vor einer Kaufentscheidung in Ruhe die verschiedenen Boote ausprobieren.

Vereinsmitgliedschaft

Kanufahren zeichnet sich zwar durch Individualität aus, aber nicht immer fühlt man sich alleine auf dem Wasser wohl.

Die Mitgliedschaft im ***Deutschen Kanu-Verband (DKV)***, auch als nicht vereinsgebundenes Einzelmitglied, bietet über die Teilnahme an gemeinsamen Fahrten, dem Austausch persönlicher Erfahrungen zu Booten und Ausrüstung hinaus auch den Vorteil der preisgünstigen Übernachtung in den ***DKV-Kanustationen***.

Die Ausrüstung

Es gibt kein schlechtes Wetter, nur die falsche Kleidung! Für die hier in diesem Buch beschriebene Tour wird keine teure High-Tech-Kleidung benötigt, aber eine gute ***Regenjacke und -hose*** lässt den Paddler dem nächsten Regenschauer gelassen entgegensehen. Ansonsten sollte nach dem „Zwiebelprinzip" verfahren werden – mehrere leichte Kleidungsstücke übereinander ziehen.

Fleecepullis mit ihrer hervorragenden Isolationseigenschaft, geringem Gewicht und der Tatsache, dass sie im nassen Zustand noch wärmen, aber auch schnell trocknen, sind ideal.

Eine ***Hose*** aus einem ***Synthetik-Baumwollgemisch*** trocknet schnell und ist geeigneter als eine Jeans.

Schuhe müssen nicht schön sein, sondern vor allem fest sitzen. Am besten sind Schnür-, Sport- oder spezielle Paddlerschuhe. Für Ausflüge haben wir ***Wanderschuhe*** dabei.

Da die Sonneneinstrahlung auf Wasserflächen sehr intensiv ist, darf ein ***Kopf-Sonnenschutz*** und eine ***Sonnenbrille*** nicht fehlen.

Die hier beschriebene Ausrüstung findet Platz in wasserdichten ***Weithals-Tonnen*** mit Schraubdeckel sowie wasserdichten ***Packsäcken***, die durch einen „Roll-/Steckverschluss" verschlossen werden. Mehrere kleine sind idealer als wenige große! Die meisten Kanuvermieter händigen wasserdichte Tonnen vor Antritt der Fahrt aus. Ist man jedoch mit dem eigenen Kanu unterwegs und scheut zunächst die recht hohen

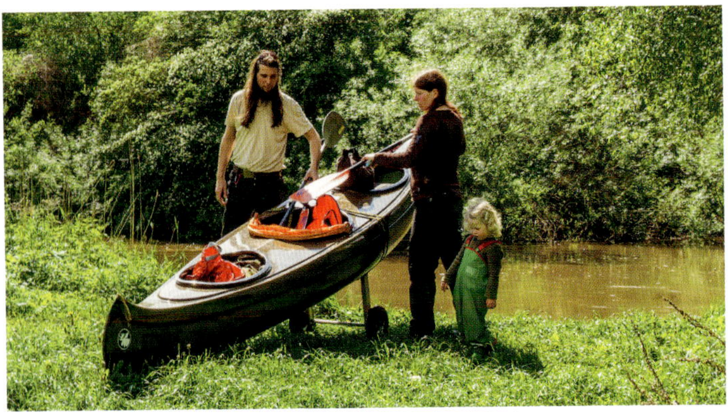

An der Werra informieren Schautafeln an den Einstiegstellen über die Sehenswürdigkeiten der Umgebung

Anschaffungskosten für mehrere Säcke und Tonnen, tun es zu Beginn auch stabile Plastik- oder Müllsäcke.

Viele der beschriebenen Streckenabschnitte lassen sich so planen, dass mit wenig Gepäck ***von Gasthof zu Gasthof*** gepaddelt werden kann, um am Abend warm und trocken beim Abendessen im Schankraum zu sitzen.

Ein ***Zelt***, ein ***Schlafsack*** und eine ***Isomatte*** sollten jedoch trotzdem immer dabei sein. Denn wer weiß schon, ob er sein Tagesziel auch erreicht oder ein Gewitter die Planung über den Haufen wirft.

Campingküche

Will man auf seinen morgendlichen Kaffee oder Tee bzw. die Spaghetti am Abend nicht verzichten, muss ein ***Campingkocher*** mit auf Tour.

Folgende Typen sind zu unterscheiden:

- **Benzinkocher**. Hat den höchsten Heizwert. Benzin ist überall zu bekommen.
- **Gaskocher.** Nicht so hoher Heizwert, jedoch sauberes Verbrennen. Teure Kartuschen.
- **Multifuelkocher.** Guter Heizwert. Ist mit fast jedem Flüssigbrennstoff zu betreiben und sehr leicht.
- **Petroleumkocher.** Hoher Heizwert, jedoch Geruchsbelästigung, die, anders als beim Benzin, nicht „verfliegt".
- **Spirituskocher.** Sind leicht und einfach zu handhaben. Relativ geringer Heizwert.

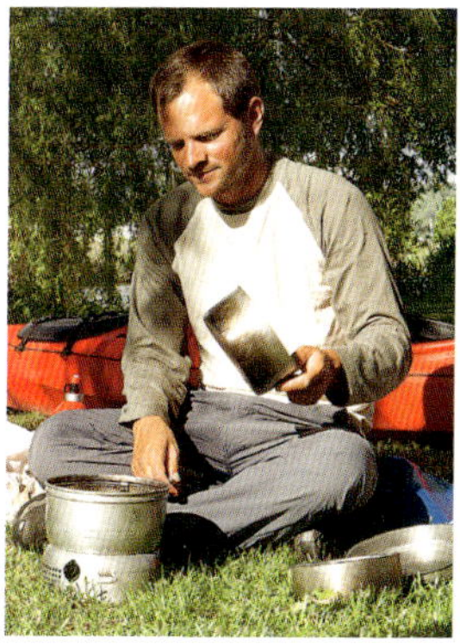

Mit einem Campingkocher im Gepäck reist es sich autark

Als weitere **Küchenausstattung** empfiehlt sich ein ***Koch-Set***, bestehend aus zwei oder drei verschieden großen, ineinander gestellten Kochtöpfen (2 L, 1,5 L, 1 L) mit zwei verschieden großen Deckeln, die gleichzeitig als Pfannen dienen. Eine ***Espressokanne*** ist für den morgendlichen Kaffee ideal. Weiterhin ein ***Wassersack mit Frischwasser,*** flache und tiefe ***Teller*** oder ***Müslischalen***, ***Besteck***, ***Thermoskanne***, ***Thermobecher***, kleines ***Schäl- und Schneidemesser***, ***Schneidebrett***, ***evtl. Alufolie***, ***Geschirrtuch***, ***Spülmittel*** und eine ***Faltschüssel*** (Abwasch).

Nützliches & Unentbehrliches: ***Klappspaten, Toilettenpapier, Erste-Hilfe-Set, Insektenschutz, Waschzeug, Taschenmesser evtl. mit Tool, Taschenlampe (Stirnlampe), Fernglas, Schreibutensilien, Tagesrucksack.***

„Kleine Kajak- & Canadier-Fahrschule“

Schlagrichtung des Paddlers → Bewegungsrichtung des Kanus

Die hier beschriebenen Paddelschläge können und sollen miteinander kombiniert werden. Zur korrekten Ausführung wird das Paddel im Prinzip nicht durch das Wasser „gezogen“, sondern soll annähernd stationär bleiben und das Kanu über das Wasser bewegt werden. Hierbei wird eine optimale Kraftausbeute angestrebt. Bei einem sehr gut ausgeführten Paddelschlag gibt es keine Verwirbelungen und kaum Wellen am Paddelblatt.

Kajak-Fahrschule

Allgemeines

In der Regel sind die beiden Blätter eines Doppelpaddels gegeneinander verdreht. Bei den üblichen rechtsgedrehten Paddeln umfasst die rechte Hand den Schaft so, dass das rechte Paddelblatt senkrecht ins Wasser eingetaucht werden kann. Die linke Hand umfasst den Paddelschaft nur locker und nach jedem Paddelschlag wird das Paddel mit der rechten Hand so gedreht, dass das aktive Blatt senkrecht ins Wasser gesetzt werden kann (bei linksgedrehten Paddeln gelten die Hinweise entsprechend seitenvertauscht). Stellen Sie die Fußstützen des Kajaks so ein, dass Sie bequem sitzen und gleichzeitig einen guten Bootskontakt mit den Oberschenkeln haben. Bei Kajaks mit Fußsteuerung den Abstand der Pedale so wählen, dass Sie mit leicht angewickelten Beinen im Boot sitzen und genügend Spielraum nach vorne haben, um das Pedal durchzutreten und das Steuer bewegen zu können.

Einsteigen

Kanu parallel zum Ufer ausrichten, bei starker Strömung mit dem Bug (=Bootsspitze) gegen die Strömungsrichtung. Zum Einsteigen das Boot mit der sogenannten „Paddelbrücke“ stabilisieren: Paddel im rechten Winkel zum Boot über Süllrand (=Bootsrand) und Ufer oder Steg legen; mit einer Hand Süllrand und Paddel fassen und mit der anderen Hand das Paddel aufs Ufer drücken. Zum Einsteigen das Gewicht über das Paddel verlagern und mit dem bootsseitigen Fuß zuerst einsteigen. Anschließend möglichst rasch hinsetzen, d. h. im Kajak gleich auf den Sitz rutschen, um einen tiefen Schwerpunkt zu erzielen und die Stabilität des Kanus zu erhöhen.

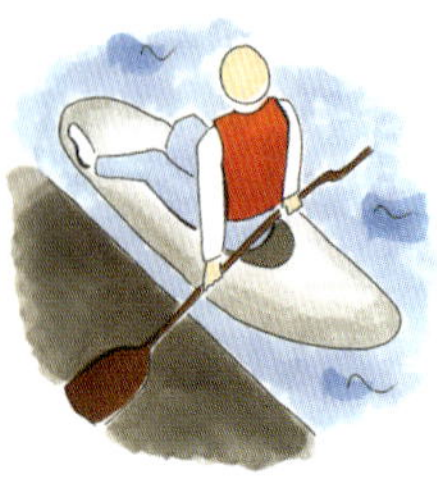

Spritzdecke

Spritzdecke zunächst hinter dem Körper um den Süllrand legen und von hinten nach vorne schließen; abschließend nach vorne über den Süllrand ziehen. Dabei unbedingt darauf achten, dass die Lasche vorne herausguckt, um die Spritzdecke im Falle einer Kenterung leichter öffnen zu können.

Paddelhaltung Doppelpaddel

Das Paddel in beide Hände nehmen und auf den Kopf legen. Die optimale Griffbreite ist erreicht, wenn der Winkel zwischen Ober- und Unterarm ein wenig kleiner als 90 Grad ist.

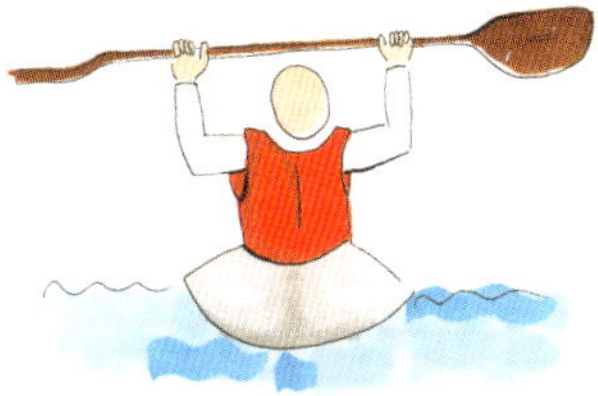

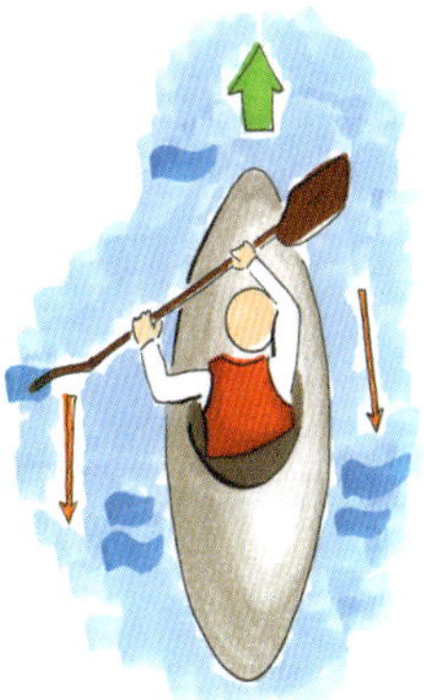

Grund- und Treibschlag

Mit leicht nach vorne gebeugtem Oberkörper Paddel vorne, dicht neben der Bootswand einsetzen. Die „Zughand" zieht das Paddel parallel am Boot entlang nach hinten, während die „Druckhand" das sich in der Luft befindliche Blatt nach vorne drückt. Die Bewegung nicht allein mit den Unterarmen ausführen, sondern zur Unterstützung bei gestrecktem Arm den Oberkörper mitdrehen. Ist das aktive Paddelblatt knapp hinter der Sitzposition, den Zug stoppen und die Seite wechseln.

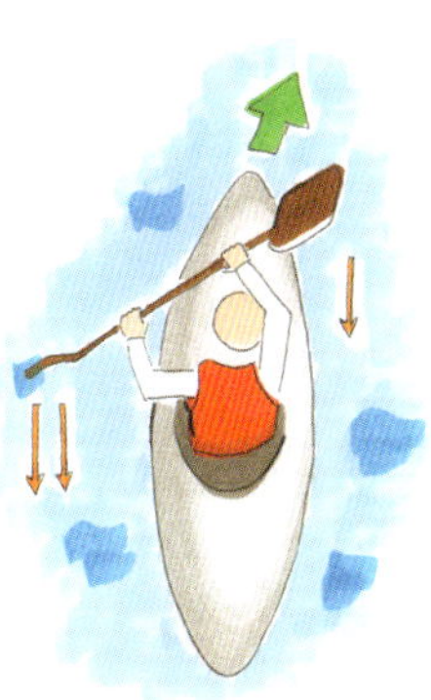

Steuern

Wird der Paddelschlag auf der linken Seite stärker ausgeführt, dreht der Bug nach rechts – und umgekehrt. So können Sie das Boot – ganz ohne die ebenfalls erhältlichen Fußsteueranlagen – auf Kurs halten. Sind starke Kursänderungen erforderlich, erreichen Sie diese mit dem Bogenschlag. Beim Ab- und Anlegen mit Kajaks die über eine Steueranlage verfügen unbedingt daran denken, das Steuer rechtzeitig einzuklappen, um es nicht zu verbiegen.

Ziehschlag

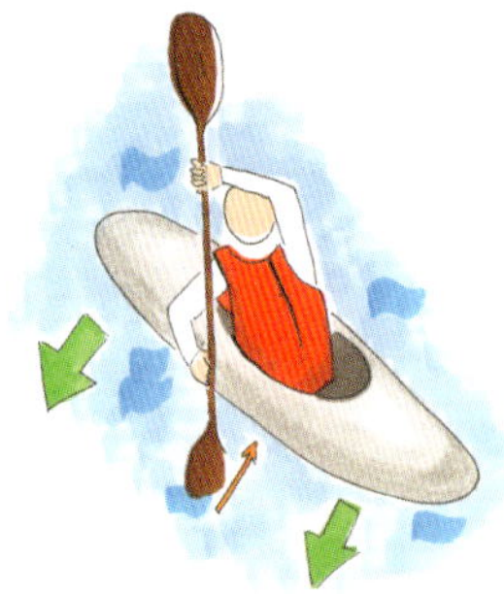

Steuerschlag, um das Boot seitlich zu versetzen; dazu das Paddelblatt möglichst weit entfernt senkrecht zur Längsachse und parallel zum Boot ins Wasser tauchen und nicht zu dicht, an die Bootswand heranziehen und nach oben aus dem Wasser nehmen. Dabei darauf achten, dass das Paddelblatt nicht unter den Bootskörper gezogen wird, da dies zum Kentern führen kann.

Bogenschlag

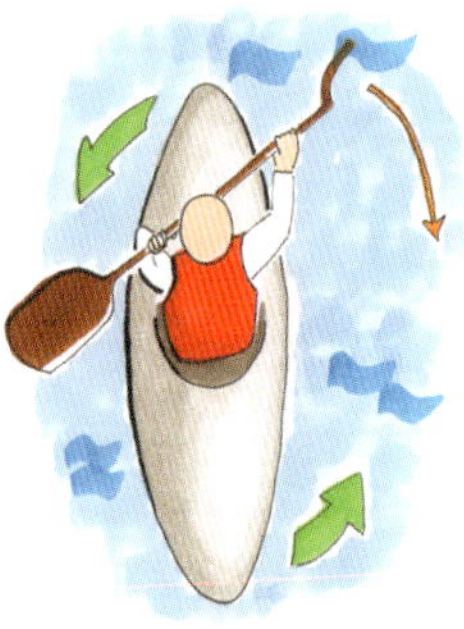

vorwärts

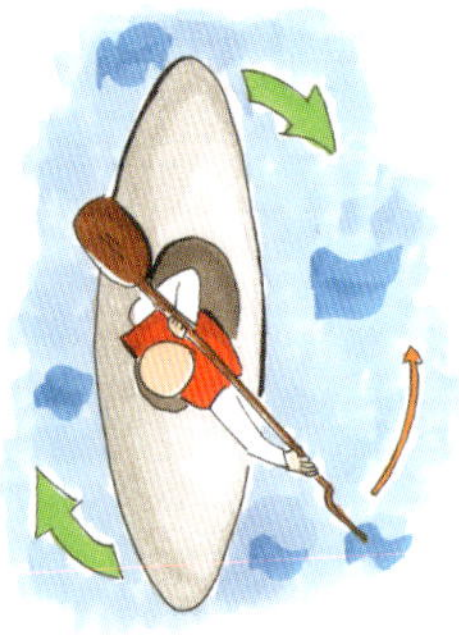

rückwärts

Steuerschlag, um das Boot zu drehen: vorwärts ausgeführt, dreht er das Boot weg von der Schlagseite. Dazu das Paddel möglichst weit vorne und dicht am Boot eintauchen und das Paddelblatt flach unter der Wasseroberfläche in einem weiten Halbkreis um das Boot bis nahe ans Heck führen. Je größer der Radius, desto stärker die Steuerwirkung. Um das Kanu abzubremsen und gleichzeitig eine Kurskorrektur zur Paddelseite hin durchzuführen, können Sie den Bogenschlag rückwärts ausführen.

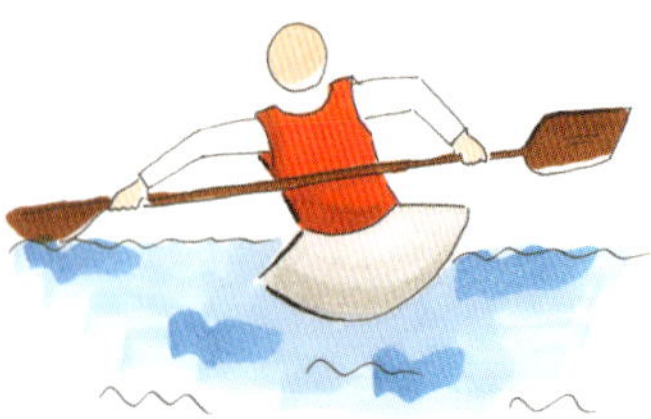

Paddelstütze

Stabilisierungsschlag, bei dem das Paddel als Ausleger genutzt wird, um das Kentern zu verhindern; dazu einfach das Paddel auf der Seite, zu der das Boot zu kippen droht, soweit wie möglich nach außen flach auf das Wasser drücken.

Allgemeines

Auf dem hinteren Sitz nimmt in der Regel der erfahrenere oder kräftigere Paddler Platz. Er gibt im Flachwasser die grobe Richtung vor, der Vordermann unterstützt ihn. Dieser wiederum gibt die Schlagzahl vor; achten Sie darauf, möglichst einen gleichmäßigen Schlagrhythmus einzuhalten, um ein „Aus-dem-Ruder-laufen" zu vermeiden. Je nach Ausdauer kann ein gelegentlicher Wechsel der Paddelseite stattfinden, der von beiden nach Absprache gleichzeitig durchgeführt wird. Der Vordermann hat stets die Aufgabe auf Hindernisse, die direkt vor dem Canadier auftauchen, aufmerksam zu machen.

Einsteigen

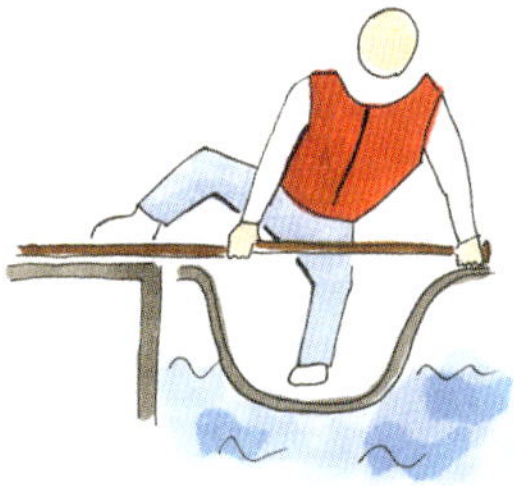

Kanu parallel zum Ufer ausrichten, bei starker Strömung mit dem Bug (=Bootsspitze) gegen die Strömungsrichtung. Zum Einsteigen das Boot mit der sogenannten „Paddelbrücke" stabilisieren: Paddel im rechten Winkel zum Boot über Süllrand (=Bootsrand) und Ufer oder Steg legen; mit einer Hand Süllrand und Paddel fassen und mit der anderen Hand das Paddel aufs Ufer drücken. Zum Einsteigen das Gewicht über das Paddel verlagern und mit dem bootsseitigen Fuß zuerst einsteigen. Anschließend möglichst rasch hinsetzen oder beim Canadier auch möglich, eventuell hinknien, um einen tiefen Schwerpunkt zu erzielen und die Stabilität des Kanus zu erhöhen.

Aussteigen

Wie Einsteigen, nur in umgekehrter Reihenfolge.

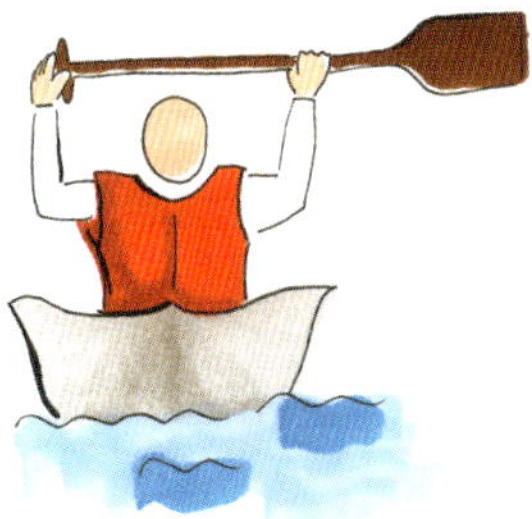

Paddelhaltung Stechpaddel

Eine Hand fasst den Paddelknauf, hierbei wird der Griff von oben wie beim Spaten umfasst. Die andere Hand umgreift den Paddelschaft, so dass Ober- und Unterarm einen Winkel von 90 Grad bilden.

Grund- und Treibschlag

Das ganze Paddelblatt wird senkrecht ins Wasser getaucht und parallel zum Boot (in Bootslängsachse) bis etwa auf Körperhöhe durchs Wasser gezogen. Dabei wird mit dem unteren Arm gezogen, während der obere Arm drückt; gleichzeitig wird der Oberkörper etwas nach vorne geneigt und mitgedreht. Stimmen Vorder- und Hintermann ihren Grundschlag aufeinander ab, bewegt sich der Canadier kursstabil geradeaus. Paddelt nur einer, bewegt sich das Kanu der paddelabgewandten Seite zu.

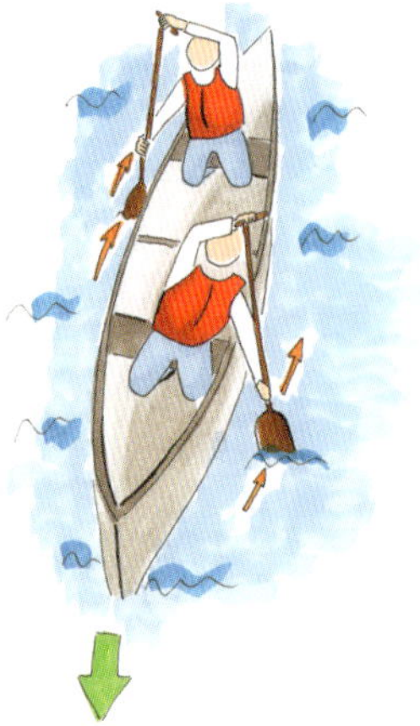

Steuern oder J-Schlag (Hintermann)

Dabei wird das Paddel zuerst wie beim Grundschlag geführt, am Körper vorbei in einer Bogenbewegung mit der wasserverdrängenden Paddelseite vom Boot weggedrückt. Dabei zeigt der Daumen der Hand am Paddelknauf nach unten und der Handrücken nach außen. Der Vordermann kann weiterhin den Grundschlag ausführen oder die Drehbewegung mit einem Bogenschlag verstärken. Der J-Schlag ist besonders vorteilhaft für Solo-Canadier, da er das „Aus-dem-Ruder-laufen" bei der normalen Geradeausfahrt verhindert.

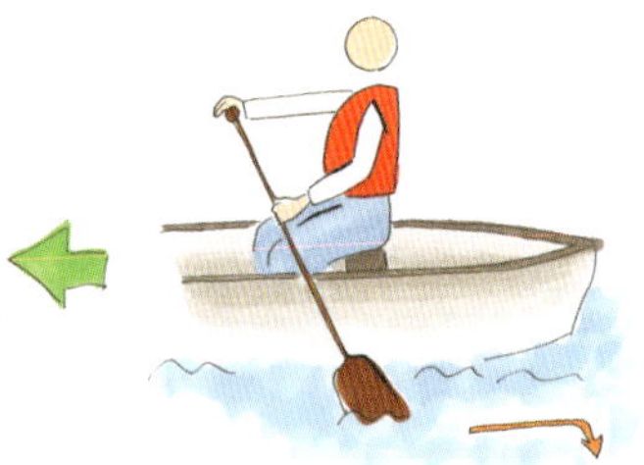

Ziehschlag

Steuerschlag, um das Boot seitlich zu versetzen; dazu das Paddelblatt möglichst weit entfernt senkrecht zur Längsachse und parallel zum Boot ins Wasser tauchen und, nicht zu dicht, an die Bootswand heranziehen und nach oben aus dem Wasser nehmen. Dabei darauf achten, dass das Paddelblatt nicht unter den Bootskörper gezogen wird, da dies zum Kentern führen kann.

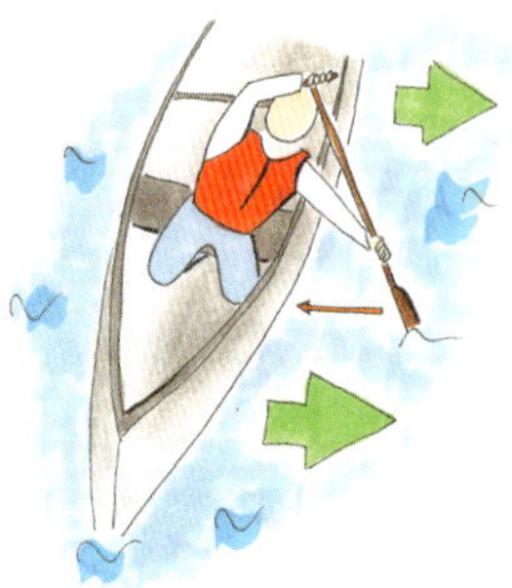

Bogenschlag

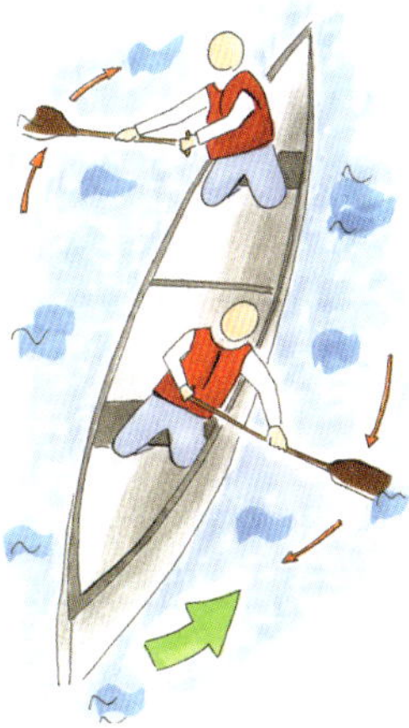

Steuerschlag, um das Boot zu drehen. Um einen Zweier-Canadier auf der Stelle zu drehen, führt der Vordermann den Bogenschlag vorwärts und der Hintermann den Bogenschlag rückwärts aus (oder umgekehrt, aber immer gegenläufig).

Vorne vorwärts: das Paddel möglichst weit vorne und dicht am Boot eintauchen und das Paddelblatt flach unter der Wasseroberfläche in einem Viertelskreis bis auf Körperhöhe führen. *Hinten rückwärts:* Beginn nahe am Heck des Bootes und das Paddelblatt von hinten nach vorne im Viertelskreis bis auf Körperhöhe führen. *Das Boot dreht von der Paddelseite des Vordermanns weg.*

Zum Drehen in die andere Richtung werden die Schläge anders herum durchgeführt: vorne rückwärts, hinten vorwärts. Jeweils gilt, je größer der Radius, desto stärker die Steuerwirkung.

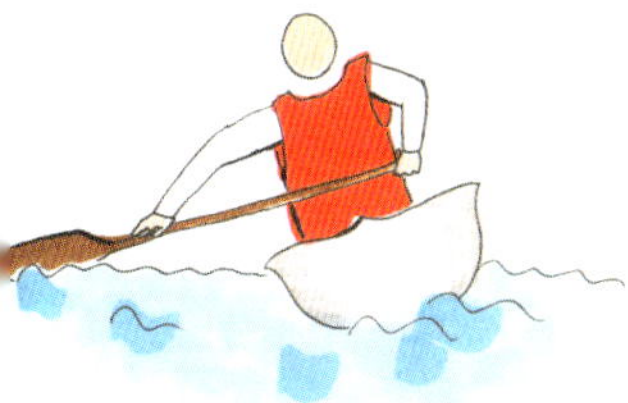

Paddelstütze

Stabilisierungsschlag, bei dem das Paddel als Ausleger genutzt wird, um das Kentern zu verhindern; dazu einfach das Paddel auf der Seite, zu der das Boot zu kippen droht, soweit wie möglich nach außen flach auf das Wasser drücken.

Weiterführende Literatur

„Kanu-Handbuch“, *Praxis-Ratgeber,* Verlag Reise Know-How.

Outdoor Basixx „Kanuwandern“ & „Solo im Kanu“, Conrad Stein Verlag.

„Stechpaddel Fahrschule“ & „Wildwasserfahren“, Thomas Kettler Verlag.

Infos zum für Sie nächstgelegenen Kanukurs bekommen Sie bei

Bundesverband Kanu e.V., c/o BVWW, Gunther-Plüschow-Str. 8, 50829 Köln, Tel. +49 (0)221 59 57 10, www.bvkanu.de

Deutscher Kanu-Verband e.V., Bertaallee 8, 47055 Duisburg, Tel. +49 (0)203 99 75 90, www.kanu.de

Verhalten beim Kanuwandern auf der Werra

Kanufahren ist im Allgemeinen ein ungefährlicher Sport. Mit ein paar einfachen **Verhaltens-Regeln** sind Sie noch sicherer im Kanu unterwegs:

- Vorsicht ist insbesondere an den Wehren geboten. Beachten Sie die Befahrungsverbote einzelner Wehre. Das Befahren von Fischaufstiegen ist generell verboten.
- ***Stromschnellen, Wehre*** u.ä. sollten vor einer Befahrung ausgiebig besichtigt werden.
- Allein sollte nur paddeln, wer sein Kanu gut beherrscht.
- Das Tragen einer Schwimmweste sollte selbstverständlich sein.
- Kinder müssen immer eine ohnmachtssichere Rettungsweste tragen.
- Um vor unliebsamen Überraschungen sicher zu sein, sind vor der Fahrt ***aktuelle Informationen*** über den Streckenverlauf unerlässlich.
- Das ***Gepäck festzurren*** und gegen Verlust bei Kenterung sichern.
- Nicht alkoholisiert ins Kanu steigen.

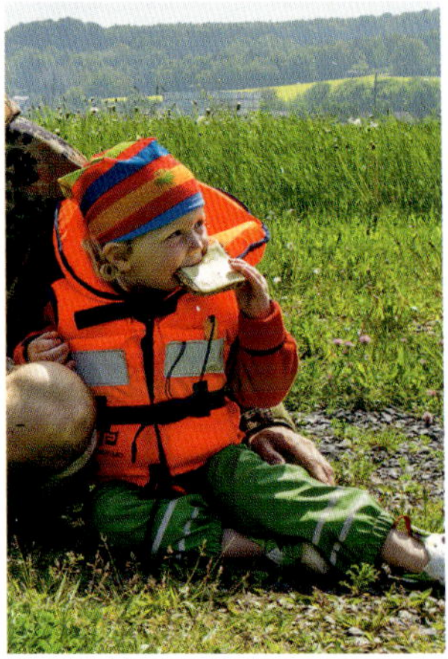

Kinder sollten die Rettungsweste auch beim Landgang anbehalten

- Ein aufgefrischter Erste-Hilfe-Kurs sollte selbstverständlich sein, um nicht nur anderen, sondern auch sich selbst helfen zu können.

Verhalten auf dem Wasser

Eine Kanutour soll in erster Linie Spaß machen und eine lange Liste mit Ge- und Verboten für das umweltverträgliche Paddeln scheint auf den ersten Blick „typisch deutsch". Mit den folgenden **Verhaltens- und Umwelt-Tipps** macht das Paddeln aber allen Beteiligten mehr Freude und die herrliche Natur entlang der Werra bleibt auch nachfolgenden Paddlergenerationen erhalten:

- Starten und Beenden Sie eine Kanutour nur an den ausgewiesenen **Ein- und Ausstiegsstellen**. Wollen Sie ein eigenes Kanu auf dem Gelände eines Bootsvermieters oder Campingplatzes zu Wasser lassen, so gehört es zum guten Ton, vorher um **Erlaubnis** zu **fragen**.

- Nutzen Sie zum **Anlegen** und **Rasten** nur die dafür vorgesehenen Plätze wie z. B. Bootsrastplätze, die Anleger der Gasthäuser oder Wehre und andere befestigte Ausstiege, die nicht im Privatbesitz sind, um unnötige Beschädigungen der empfindlichen Ufer zu vermeiden.
- **Meiden Sie Schilfgürtel und Kiesbänke** – es sind wichtige Lebensräume für Wasservögel und andere Kleinlebewesen. Fahren Sie nach Möglichkeit mit den Booten hintereinander und in der Flussmitte bzw. dort, wo das Wasser am tiefsten ist.
- **Beobachten Sie Tiere nur aus der Ferne**. Für Naturbeobachtungen empfiehlt sich daher die Mitnahme eines Fernglases.
- Respektieren Sie die **„Nachtruhe" der Tiere**. Legen Sie rechtzeitig bis spätestens eine Stunde nach Sonnenuntergang an, um nachtaktive Tiere wie Abendsegler und Eulen nicht zu stören.
- **Vermeiden Sie die Befahrung von flachen Gewässerabschnitten** und achten Sie stets auf eine ausreichende Wassertiefe. Muscheln am Gewässergrund, die die Filterung des Wasser übernehmen, leiden unter Grundberührung von Bootsrumpf und Paddel.
- **Wildzelten ist nicht zu verantworten** – zu groß ist die damit verbundene Belastung für die Natur. Entlang der Werra finden sich einfache Bootsrastplätze, Campingplätze, Jugendherbergen, Gasthöfe und Hotels, so dass die Übernachtung in Wassernähe kein Problem darstellt.

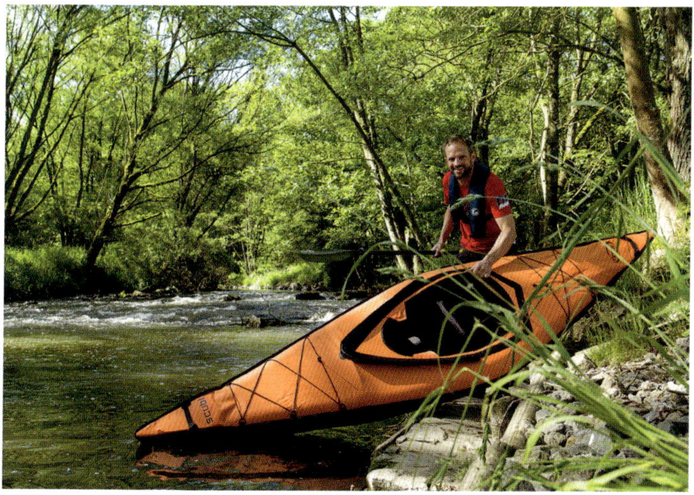

Ein- und Ausstiege erleichtern das Umtragen der Wehre

Blick auf die Region

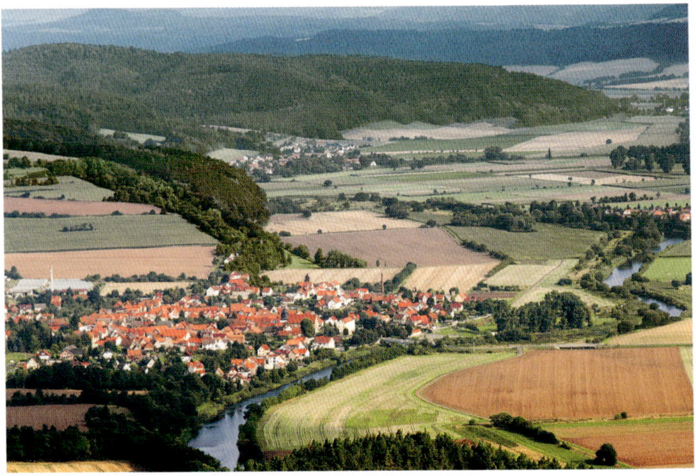

Blick vom Heldrastein ins Werratal

Ihren Ursprung hat die Werra nahe Eisfeld am Rennsteig und nachdem sich die beiden Quellbäche bei Sachsenbrunn vereinigt haben, sucht sie sich ihren Weg in nordwestliche Richtung und pendelt im späteren Verlauf beständig zwischen Thüringen und Hessen, um schließlich im niedersächsischen Hann. Münden, am bekannten Weserstein, durch den Zusammenfluss mit der Fulda die Weser zu bilden.

Die Kanustrecke beginnt im Städtchen **Themar**, dem Stammland der Grafen von Henneberg, die bis in die zweite Hälfte des 16. Jh. das Gebiet des heutigen Südthüringens prägten und in vielen der Dörfer sind festungsgleiche Wehrkirchen zu bestaunen. Von der Theaterstadt **Meiningen** bis zum Solekurort **Bad Salzungen** schlängelt sich die Werra dann durch eine liebliche Landschaft, zwischen den Ausläufern der Rhön im Westen und dem Thüringer Wald im Osten. Ihr industriell geprägtes Gesicht dagegen präsentiert sie im Land der „Weißen Berge". Mächtige Abraumhalden der Kaliförderung, wie der Monte Kali bei **Heringen**, bestimmen das Landschaftsbild. Einen spannenden Ausflug unter Tage in die Geschichte des Bergbaus in der Region, von den Anfängen bis zur Gegenwart, ermöglicht das Erlebnisbergwerk in **Merkers**.

Bei **Philippsthal** fließt die Werra erstmals auf ihrer insgesamt 293 Kilometer langen Reise auf hessischem Boden, um nach einer kurzen Stippvisite wieder zurück nach Thüringen zu wechseln, wo in **Hörschel**

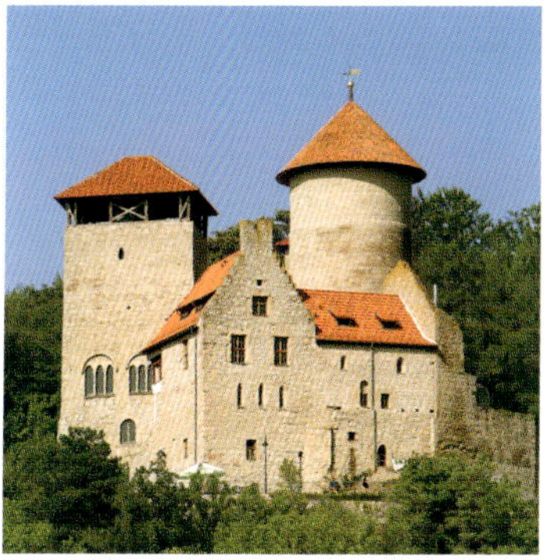

Burg Normannstein bei Treffurt

der legendäre Rennsteig als Weitwanderweg über den Kamm des Thüringer Waldes seinen Ursprung nimmt. Von hier ist es nur ein Katzensprung nach **Eisenach** mit der berühmten Wartburg.

Hinter der historischen Steinbogenbrücke in **Creuzburg** beginnt dann ein besonders eindrucksvoller Abschnitt. Bis zu 150 m ragen die Muschelkalkfelsen der Ebenauer Köpfe in die Höhe, bevor die Berge des Hainichs bei **Mihla** den Fluss im „Werraknie" zu einer 90°-Grad-Kurve zwingen. Mit einer Fläche von 130 km^2 zählt der Hainich zu den größten zusammenhängenden naturnahen Buchenwäldern in Mittel- und Westeuropa und seit 2008 sind die urwaldartigen Buchenmischwälder als Nationalpark geschützt.

Unter Aufsicht von Burg Normannenstein im ehemaligen Grenzort **Treffurt**, geht es ins hessische **Wanfried**, im Mittelalter Endpunkt der Weser-Werra-Schifffahrt. Nun fließt die Werra, vorbei an den östlichen Ausläufern des Hohen Meißners, zu dem an der Deutschen Fachwerkstraße gelegenen **Eschwege**. Hinter dem Solekurort **Bad Sooden-Allendorf** wird sie einmal mehr zum Grenzfluss und zwängt sich hinter der Stockmacherstadt **Lindewerra** zwischen den Burgen Ludwigstein und Hanstein hindurch nach **Witzenhausen**, das im Frühjahr in einem Meer blühender Kirschbäume erstrahlt.

Kurz vor **Hedemünden**, wo vor ein paar Jahren das bislang östlichste Römerlager im einstigen Germanien entdeckt wurde, ist dann Niedersachsen erreicht. Am berühmten Weserstein ist die Werra Geschichte und **Hann. Münden** mit seinem fachwerkreichen, mittelalterlichen Stadtkern bildet den krönenden Abschluss der Tour.

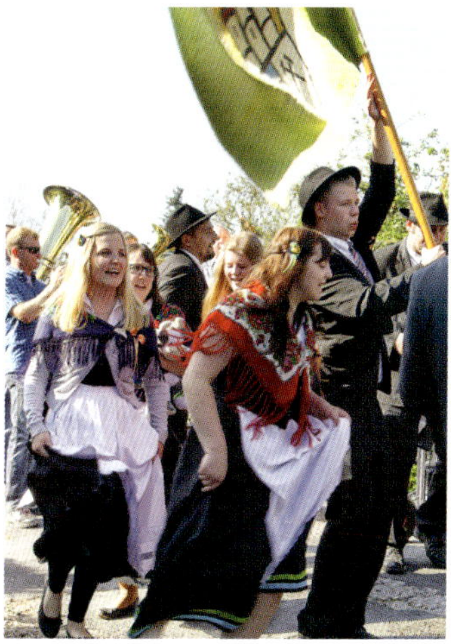

In Thüringen wird das ganze Jahr gefeiert – Kirmes Berka

Wichtiges zur Tour und Handhabung des Buches

Die **Kanuwanderstrecke** auf der Werra beginnt in der thüringischen Kleinstadt **Themar** und endet am Weserstein im niedersächsischen **Hann. Münden**. Dazwischen liegen gut 250 abwechslungsreiche Paddelkilometer, die aufgrund der geringen Strömung auch **für Anfänger und Familien mit Kindern gut geeignet sind**.

Nach längeren Trockenperioden im Sommer kann der **Wasserstand** für eine Befahrung des ersten Abschnitts **zu niedrig** sein. Fast immer ganzjährig und auch mit Zweierkajaks oder Canadiern fahrbar ist die Werra ab **Meiningen**. Die **beste Paddelzeit** ist von **Mai bis Früherbst.**

Für die gesamte Strecke benötigt man **mindestens 10 Tage**. Aufgrund der zahlreichen Sehenswürdigkeiten sollten Sie aber ruhig mehr Zeit einplanen.

Die **Infrastruktur** für Paddler ist vorbildlich. Die Ein- und Ausstiege sind weithin sichtbar markiert, es gibt ausreichend Zelt- und Rastplätze und mehrere Kanuvermieter bieten ihre Dienste inklusive Rückholservice an.

Die im Buch aufgeführten **Übernachtungsstellen** liegen immer am Wasser oder zumindest in Wassernähe. Dank der vielen Zelt- und Campingplätze ist die Übernachtung im eigenen Zelt unproblematisch, eine Voranmeldung ist für Einzelreisende nicht erforderlich. Wer dagegen in Gasthöfen, Hotels oder Pensionen schlafen möchte, sollte besser vorab ein Zimmer reservieren.

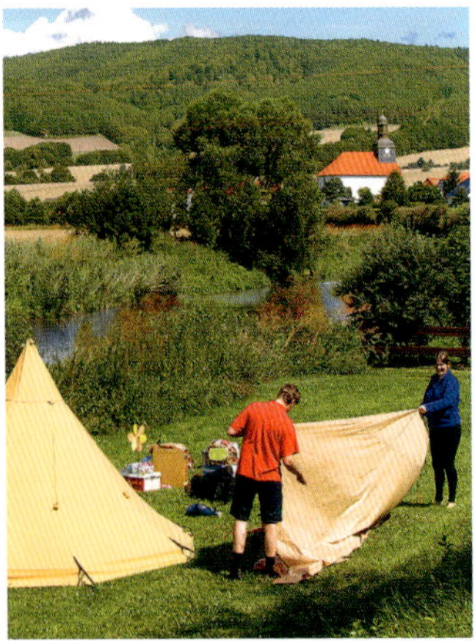

Herrliche Naturlage – Camping Wahlhausen

Achten Sie bei der **Tourenplanung** auf ausreichend **Ruhe- und Pausentage** – auch um auch den kulturellen Sehenswürdigkeiten einen Besuch abstatten oder eine ausgedehnte Wanderung am Ufer unternehmen zu können. Tipps und Anregungen dazu liefert dieses Buch.

Karten und weiteres **Infomaterial** zu Wanderungen und Radtouren erhalten Sie bei Tourist-Infos. Neben den im Adressteil aufgeführten Fahrradvermietern bieten teils auch Campingplätze und Hotels Fahrräder an.

Die vorgeschlagenen **Etappen und Zeitangaben** verstehen sich ohne Wanderungen, Stadtrundgänge und Museumsbesuche. Viele Museen haben montags geschlossen. **Öffnungszeiten** haben wir so dargestellt: Di-So 10-17, was heißen soll, dass Dienstag bis Sonntag von 10.00 Uhr bis 17.00 Uhr geöffnet ist.

Entlang der Route sind, insbesondere zwischen Themar und Creuzburg, zahlreiche **Wehre** zu umtragen. Dafür ist ein eigener **Bootswagen** nötig. Dieser leistet darüberhinaus auch beim Bootstransport vom Bootsausstieg zum Zelt, Hotel oder Auto gute Dienste.

Die Tourenbeschreibung endet am Weserstein am Zusammenfluss mit der Fulda. Für die Weiterfahrt auf der Weser empfehlen wir Ihnen den Band ***„Weser"*** aus der **KANU KOMPAKT**-Reihe.

Kilometrierung

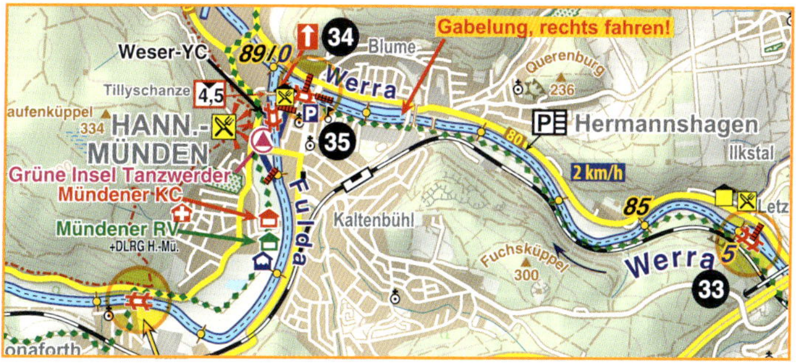

Um Ihnen die Planung der eigenen Tour auf der Werra zu erleichtern, finden Sie in der Randspalte beim Tourentext **Kilometerangaben**. Die Tour beginnt bei ***km 250*** und endet bei ***km 0*** in **Hann. Münden** mit Vereinigung von Werra und Fulda zur Weser. ***Diese Kilometrierung ist nicht amtlich*** und daher bei uns im Buch ***blau***.

Da die Werra zur Zeit der deutschen Teilung Grenzfluss war, gibt es ***keine durchgehende amtliche Kilometrierung***. Diese beginnt erst an der Straßenbrücke in Großburschla mit ***km 14*** und endet bei ***km 89*** am Weserstein in **Hann. Münden**. Ab Beginn der amtlichen Kilometrierung finden Sie diese zusätzlich auf den Karten und in der Randspalte hinter der ***blauen*** Tourenkilometrierung in Klammern ***(km)*** gesetzt.

Sie können **Entfernungen** leicht in den Karten abmessen: Die Strecke von einem gelben Punkt ⍜ zum nächsten ⍜ entspricht einem Kilometer. Alle fünf Kilometer sind die Kilometerzahlen ausgeschrieben.

Infos zur Tour auf der Werra

Aktivitäten	Natur	Kultur	Baden	Hindernisse
★★★☆	★★★★	★★★☆	★☆☆☆	★★☆☆

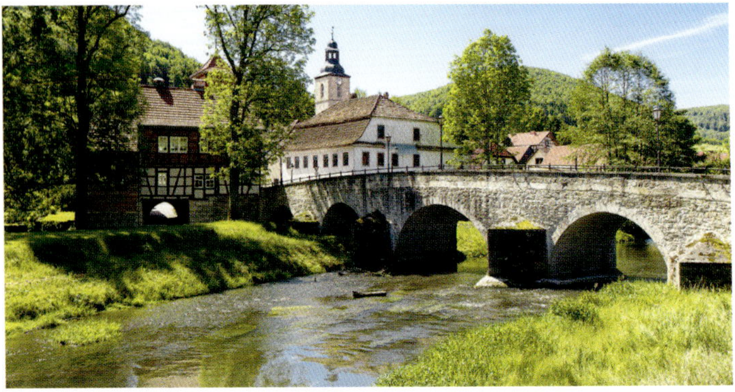

Charakter der Tour

Eingebettet in eine der schönsten Mittelgebirgslandschaften Deutschlands führt die Werra als abwechslungsreicher Kanuwanderfluss mit gemütlicher Strömung durch eine liebliche Landschaft – mal entlang bewaldeter Bergrücken, dann wieder steiler Felshänge. An den Ufern warten zahlreiche Sehenswürdigkeiten wie mittelalterliche Burgen, Schlösser und festungsgleich ausgebaute Wehrkirchen sowie schöne Fachwerkstädte und verträumte kleine Dörfer. Viele Orte entlang der Werra sind auf Paddler eingestellt und haben Bootsanleger und Rastplätze angelegt und Umtragestellen an den Wehren eingerichtet. Als einstiger Grenzfluss folgt die Werra über weite Strecken dem „Grünen Band", entlang dem sich die Natur im ehemaligen Grenzstreifen über Jahr-

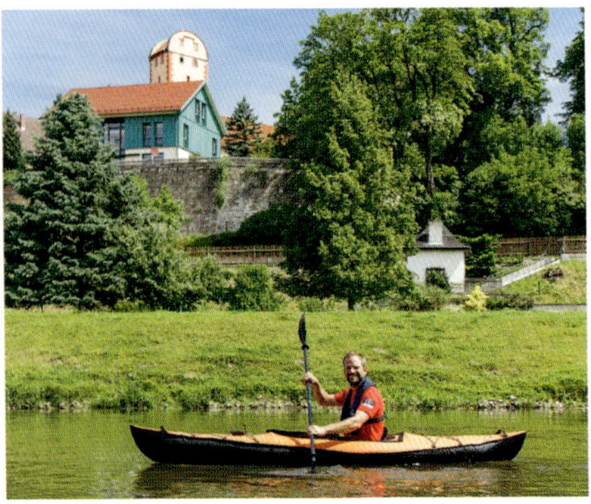

Die Werra bei Breitungen

zehnte unberührt entwickeln konnte. Es verbindet die Naturparks Meißner-Kaufunger Wald und Eichsfeld-Hainich-Werratal mit dem Nationalpark Hainich die allesamt mit ihrer schönen Natur zu Wanderungen einladen.

Wehre

Wie praktisch an jedem deutschen Fluss hat der Mensch auch an der Werra unzählige Wehre errichtet, um den Wasserstand zu regulieren. Zwischen Themar und Hann. Münden sind insgesamt gleich **29 Wehre** zu überwinden. Leider bilden Schleusen wie in Eschwege oder Bad Sooden-Allendorf die Ausnahme. Im Oberlauf, bis etwa Berka, sind die Wehre sehr zahlreich und teils aufwändig zu umtragen, danach halten sich die Portagen in Grenzen.

Sehenswürdigkeiten *(in der Reihenfolge des Tourenverlaufs)*

Kloster Veßra: ehemaliges *Prämonstratenserkloster* von 1131 mit *Hennebergischem Museum* (Regionalgeschichte und Volkskunde).

Themar: *mittelalterliche Kleinstadt* mit Stadtmauer (15. Jh.) und sieben Türmen, *historischer Marktplatz mit Rathaus* (1711) und *Marktbrunnen, Heimatstube* im Amtshaus (Fachwerkbau im hennebergisch-fränkischen Stil von 1665), *Bartholomäuskirche* mit Marienaltar aus dem 15. Jh.

Henfstädt: *Ruine Osterburg* (12. Jh.), *Kirchenburg* mit Dorfkirche und *Heimatstube* im ehemaligen Pfarrhaus.

Leutersdorf: *Wehrkirche* von 1785 auf dem Kirchberg.

Vachdorf: *Aussichtspunkt* auf dem Krayenberg, *Kirchenburg* mit 18,70 Meter hohem *Hutturm, Torturm, Fachwerkhäuser.*

Meiningen: *„Blick auf Meiningen", siehe Seite 38.*

Walldorf: *Sandstein- & Märchenhöhle* mit Minifreizeitpark, *Schloss Landsberg* (1840), *Kirchenburg* aus dem 15. Jh. mit 6 Meter hoher Ringmauer.

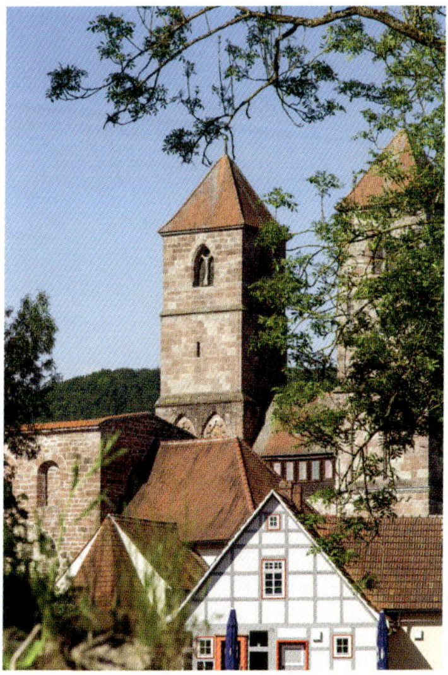

Kloster Veßra aus dem 12. Jahrhundert

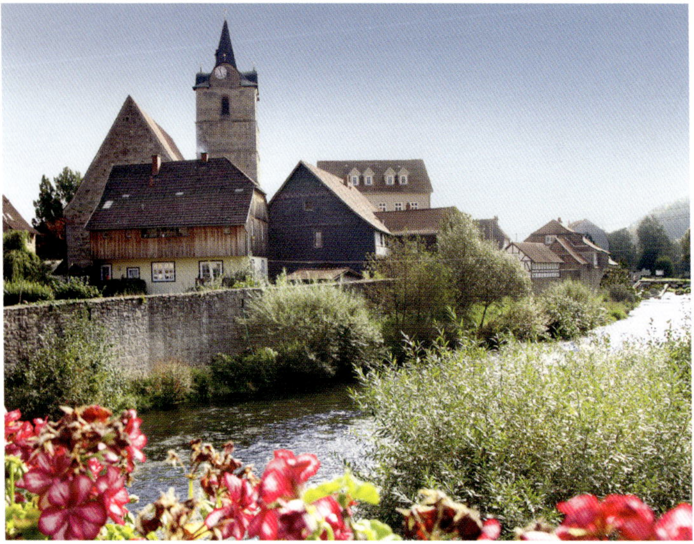

Die Sieben-Türme-Stadt Themar, Treffpunkt mehrerer Handelsstraßen, wurde Mitte des 15. Jh. durch eine Stadtmauer gesichert

Wasungen: *historischer Stadtkern* mit Stadtmauer (14. Jh.) und spätgotischem *Rathaus, Stadtkirche St. Trinitatis* (Kirchenschiff 1584, Turm 1596/1708, Chor 1680), *ehemaliges Damenstift* (1596), *Forstbotanische Anlagen, Stadtmuseum, Karnevalsmuseum, Festumzug Wasunger Karneval* (seit 1524) am Samstag vor Aschermittwoch.

Breitungen: *Breitunger Burghügel* mit Aktivmuseum „Ländliches Brauchtum" im *Renaissanceschloss*, daneben *romanische Basilika* (Ausstellungen / Konzerte), *historischer Dorfkern* mit *Sandsteinmauer, Zehntlinde, Dorfbrunnen* und *Fachwerkbauten*, über 240jährige *Wassermühle* mit Mühlenladen.

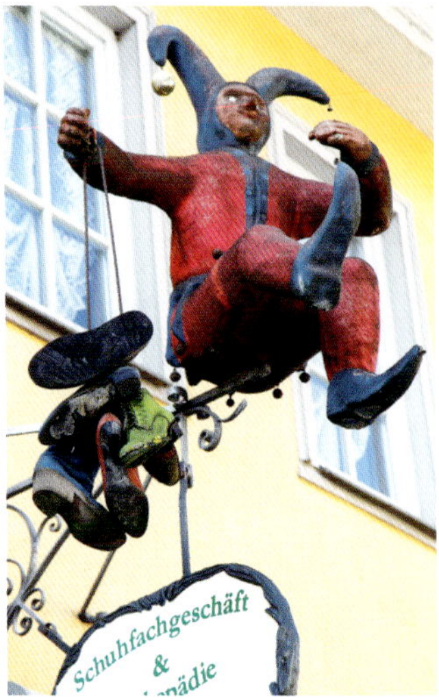

Seit 1524 wird in Wasungen Karneval gefeiert

Immelborn: *Amalienkirche* (ehem. Wehrkirche 16./18. Jh.) mit *Amalienborn (die mineralhaltige Quelle galt schon im Mittelalter als Heilquelle).*

Bad Salzungen: *historisches Jugendstil-Gradierwerk* mit Museum, *Stadtmuseum* im Türmchen.

Tiefenort: *Peterskirche* (16. Jh.), *Heimatmuseum* im ehemal. Amtshaus.

Merkers: *Erlebnisbergwerk.*

Vacha: *Stadtkern* im hessischen Fachwerkstil, *Burg Wendelstein* mit Stadtmuseum und Puppensammlung, *historische Werrabrücke* (1342).

Heringen: *Werra-Kali-Bergbaumuseum, Monte Kali* (530 m hohe Abraumhalde des Kalibergbaus).

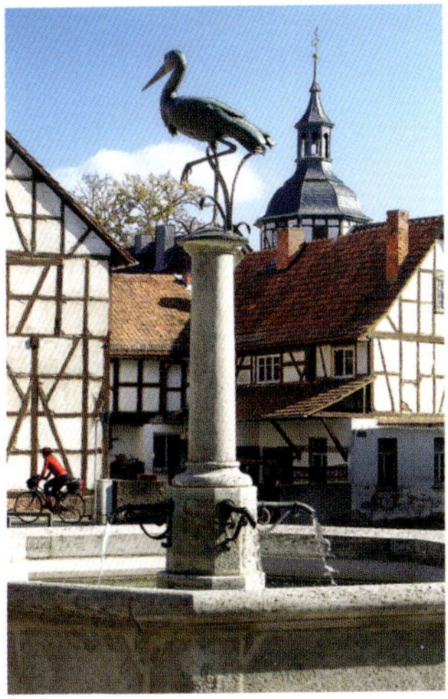

Gerstunger Markt mit Storchenbrunnen

Gerstungen: *Schloss Gerstungen* mit Werratalmuseum und Storchennest, *Storchenbrunnen* (1936) auf dem Marktplatz, *Katharinenkirche* (1588).

Eisenach & Wartburg: *Siehe „Blick auf" Seite 60.*

Creuzburg: *Burg Creuzburg* (12. Jh.) mit Museum und Informationszentrum, *historische Werrabrücke* mit Liboriuskapelle (15. Jh.), *Nikolaikirche* (18. Jh.), *Ausstellung Naturpark Eichsfeld-Hainich-Werratal* in der ehemaligen Gottesackerkirche.

Mihla: *Kirche* (18. Jh.) mit Flügelaltar (15. Jh.), *Graues Schloss* (16. Jh.).

Treffurt: *Marktplatz* mit Fachwerk-Rathaus, *Bonifatius-Kirche* (13. Jh.), *Burg Normannenstein* (11. Jh.).

Heldra: *Heimatmuseum, Heldrastein* mit „Turm der Einheit".

Wanfried: ehemalige *Hafenstadt* der Weser-Werra-Schifffahrt mit prächtigen *Fachwerkbauten* und *Wandfrieder Schlag*, dem rekonstruierten Hafen, *Heimatmuseum* mit Dokumentationszentrum zur deutschen Nachkriegsgeschichte.

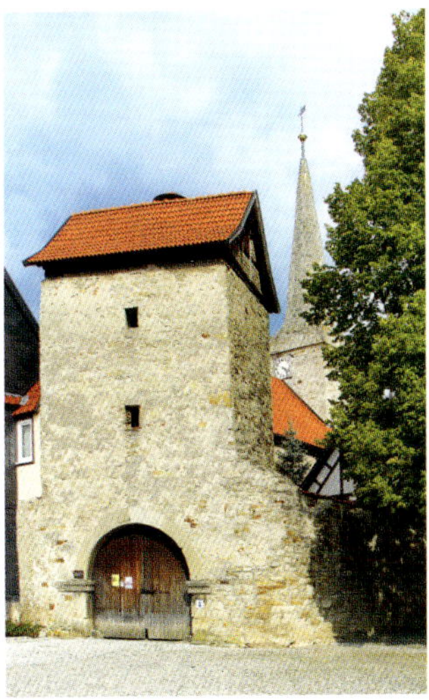

Die Kirchenburg Einhausen

Eschwege: *Alt- & Innenstadt* mit rund 1.000 *Fachwerkbauten*, 26 Meter hoher *Bismarkturm* auf dem Leuchtberg (319 m), *Glockenspiel* am Rathaus, *Botanischer Garten, dreischiffige, spätgotische Hallenkirche St. Katharina* (1374-1509), *Marktkirche St. Dionys* mit *Westturm* (13. Jh.), *Stadtmuseum, Zinnfigurenkabinett, Werratalsee.*

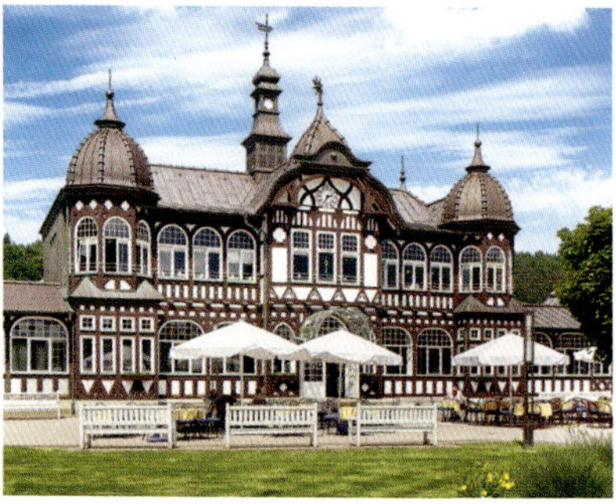

Bad Salzungens Gradierwerk ist eine Pracht

Bad Sooden-Allendorf: *Fachwerkhäuser, historisches Gradierwerk, Kurpark, Salzmuseum, Grenzmuseum.*

Lindewerra: *Stockmachermuseum, Teufelskanzel, Ruine Hanstein, Burg Ludwigstein.*

Witzenhausen: *Völkerkundliches Museum, Gewächshaus* für tropische Nutzpflanzen, *Tabakmuseum, Erlebnispark Ziegenhagen* mit Automuseum, *Kesperkirmes* im Juli.

Hedemünden: *Römerlager.*

Hann. Münden: *Siehe Seite 88. Weserstein, Dr. Eisenbart-Glockenspiel* um 12, 15 und 17 Uhr am *historischen Rathaus* im Stil der Weserrenaissance, *Tillyschanzenturm, St.-Aegidii-Kirche, zahlreiche Fachwerkbauten.*

Weitere Aktivitäten an der Werra

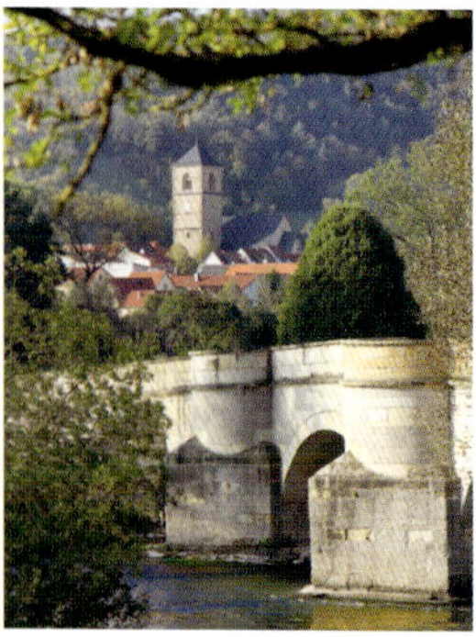

Die Werrabrücke Creuzburg, 1223 erbaut

Paddeln

In Nordhessen bieten sich gleich vier weitere Flüsse für Kanutouren an, die sowohl für Anfänger als auch geübte Paddler sehr reizvoll sind.

Die ***Fulda*** hat sich in der beschaulichen Mittelgebirgslandschaft Waldhessens ein breites Tal gegraben und ist ein klassischer Wanderfluss ohne besondere Schwierigkeiten.

Die flotte Strömung, fehlende Hindernisse und ein nur sehr geringes Aufkommen an Berufsschifffahrt machen die Weiterfahrt von Hann. Münden auf der ***Weser*** zu einer sehr beliebten Wasserwanderung, die zudem viele Sehenswürdigkeiten entlang der Ufer zu bieten hat.

Ganz unter sich bleiben Paddler auf der ***Eder***, die mit herrlichen Auenwäldern zu begeistern weiß.

Der kleinste und zugleich nördlichste Paddelfluss in Hessen ist die ***Diemel***, die mit zügiger Strömung und engen Kurven durch ein enges Auental aus Erlen und Weiden führt.

Alle vier Flüsse warten mit einem guten Serviceangebot an Vermietern, Anlege- und Umtragestellen sowie überdachten Rastplatzpavillons auf.

Radfahren

Der ***Rennsteig-Radwanderweg (195 km)*** folgt der Route des bekannten Wanderklassikers „Rennsteig" von **Hörschel** durch die Naturparks ***Thüringer Wald, Frankenwald*** und ***Thüringer Schiefergebirge / Obere Saale***.

Von der Werra-Quellregion im Thüringer Wald bis zum Weserbergland führt der über 300 km lange ***Werratalradweg***. In **Obermaßfeld** kreuzt der ***Main-Werra-Radweg*** und verläuft auf einer Länge von über 100 km über Ritschenhausen, Wölfershausen, Bibra, Rentwertshausen und Münnerstadt nach Schweinfurt am Main.

In **Bad Salzungen** beginnt der vom ADFC mit 4 Sternen klassifizierte 180 km lange ***Rhönradweg***.

Hann. Münden liegt am ***Weser-Harz-Heide-Radweg*** und ist Knotenpunkt der Radfernwege entlang von Werra, Fulda und Weser.
Mountainbiker finden 23 Routen zwischen 15 und 60 km Länge und mit Steigungen zwischen 300 bis max. 1600 Höhenmeter im ***Mountainbike-Park Werratal*** am Hohen Meißner. In **Großalmerode, Bad Sooden-Allendorf** und **Witzenhausen** sind die Strecken markiert, an den übrigen Orten sind die Trails als GPS-Track aufbereitet.

Wandern

Die herrliche Mittelgebirgslandschaft im ***Naturpark Eichsfeld-Hainich-Werratal,*** dem ***Nationalpark Hainich*** sowie dem ***Naturpark Meißner-Kaufunger-Wald*** lädt zu erlebnisreichen Wanderungen.

Vielerorts wurden regionale ***(Rund-)Wanderwege*** markiert: z. B. ab **Creuzburg** über die schroffen ***„Ebenauer Köpfe"***, von **Mihla** in den ***Nationalpark Hainich***, von ***Heldra*** zum ***Heldrastein*** oder von **Lindewerra** über die ***Teufelskanzel***.

Besonders ideal zum Wandern ist die Gegend zwischen **Creuzburg** und **Treffurt** mit Standort **Landgasthof Probstei Zella**. Weitere Wandervorschläge erhalten Sie auch bei den örtlichen Tourist-Infos.

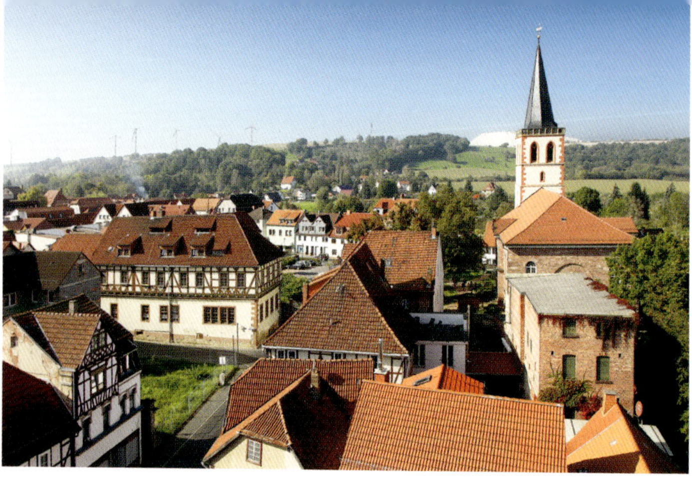

Das hübsche Städtchen Vacha mit seinen im hessischen Fachwerkstil erbauten Häusern gilt als Tor zur Rhön

Wandern – Fernwanderwege

Zu den Klassikern unter den deutschen Fernwanderwegen zählt der ***Rennsteig*** – die mittelalterliche Handelsverbindung zwischen Thüringen und Franken. Er führt auf etwa 170 km von **Hörschel** an der Werra über den Kamm des Thüringer Waldes bis zur Saale bei **Blankenstein**.

Von der Quelle im Thüringer Wald bis nach **Hann. Münden** verläuft der ***Werra-Burgen-Steig*** über weite Strecken entlang des „Grünen Bandes" an der ehemaligen innerdeutschen Grenze.

In **Meiningen** beginnt der über 200 km lange ***Keltenerlebnisweg*** nach **Bad Winsheim**, in **Bad Salzungen** der 180 km lange ***Premiumwanderweg „Der Hochrhöner"*** über die Wasserkuppe nach **Bad Kissingen**.

Baden

An den *Kiesseen* in **Breitungen** und **Immelborn**, am *Werratalsee* in **Eschwege**. *Therme* oder *Freizeitbad* in **Bad Salzungen, Bad Sooden-Allendorf** und **Eschwege**. *Freibad* in **Bad Salzungen, Tiefenort, Gerstungen, Heringen, Mihla, Wanfried** und **Hann. Münden.**

Wintersport

Langlauf, Skiabfahrt und *Schlittenfahren* auf dem *Hohen Meißner*. Bekanntester Wintersportort im Thüringer Wald ist **Oberhof**, aber auch die Rhön bietet vielfältige Wintersportmöglichkeiten.

Sonstiges

Stadtbesuch von **Eisenach** mit der **Wartburg** (siehe Seite 60).
Rundflüge über das Werratal ab **Eisenach** oder **Eschwege**.
Gleitschirm- und Segelfliegen auf dem Harsberg bei **Mihla**.

Anreise

Mit der Bahn

Die wichtigsten Bahnhöfe für die Anreise ins Werratal sind Göttingen, Kassel und Eisenach.

Im ersten Abschnitt von Themar bis Bad Salzungen verläuft die ***Bahnstrecke*** der ***Süd-Thüringen Bahn*** (www.sued-thueringen-bahn.de) durchgehend in Flussnähe. Bahnhöfe finden sich in Themar, Vachdorf, Grimmenthal, Untermaßfeld, Meiningen, Walldorf, Wasungen, Schwallungen, Wernshausen, Breitungen, Immelborn und Bad Salzungen.

Der mittlere Abschnitt zwischen Bad Salzungen und Eschwege ist mit der Bahn schlecht zu erreichen und eine Bahnverbindung entlang der Werra besteht erst wieder zwischen Eschwege und Hann. Münden.

Mit dem Auto

Die Werra durchfließt das geografische Zentrum Deutschlands und ist aus allen Richtungen gut zu erreichen. Insgesamt queren 4 Autobahnen das Werratal. Von Nord nach Süd sind das: Die A 7 bei Hann. Münden, die A 4 bei Eisenach, die A 71 bei Meiningen sowie die A 73 bei Eisfeld.

Den Startpunkt in **Themar** erreicht man am schnellsten über die A 71 bis Ausfahrt 22 (Meiningen-Süd), dann weiter auf der B 89 bis Themar.

Einsetzstelle

Einstieg nach dem Wehr in **Themar**, direkt an der Stadtmauer. Anfahrt: Auf der B 89 durch Themar, am Ortsausgang rechts ab auf die L 2628. Unmittelbar hinter der Rechtskurve in einen Weg einbiegen, der an der Stadtmauer entlang zur Wehranlage führt. Parkmöglichkeiten finden sich im Ort, z. B. beim Tegutmarkt (Meininger Straße 6) oder in der Römhilder Straße bei der Brücke.

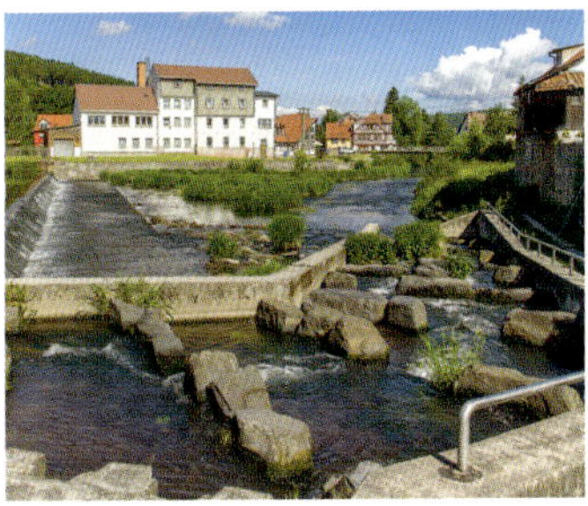

Los geht's am Stadtwehr in Themar

Aussetzstelle

An den Steinstufen kurz vor der Fußgängerbrücke an der Insel Tanzwerder in **Hann. Münden**, ein kleines Stück die Fulda flussauf.

Navi: Unterer Tanzwerder, Hann. Münden.

Zurück zum Pkw

In gut 4 Std. mit Regionalzügen von Hann. Münden über Kassel-Wilhelmshöhe und Bebra nach Eisenach und von dort mit der Süd-Thüringen-Bahn nach Themar.

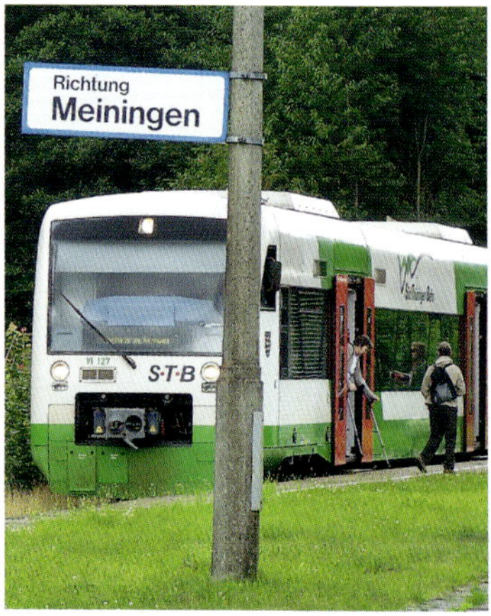

Die Süd-Thüringen-Bahn im Bahnhof Breitungen

Adressen

Adressen der Übernachtungsmöglichkeiten *finden Sie im Adressteil nach Ortsnamen alphabetisch aufgelistet ab Seite 93.*

*Die **Telefonnummern der Übernachtungsmöglichkeiten** finden Sie zusätzlich im Tourenteil des Buches in der Randspalte beim jeweiligen Ort.*

*Die **Adressen** der **Kanuvermieter** für die Werra finden Sie ab Seite 98.*

***Adressen** zu **Radvermietern** finden Sie ab Seite 98.*

***Adressen** zu **Sehenswürdigkeiten** und **Tourist-Infos** finden Sie ebenfalls alphabetisch nach Ortsnamen sortiert im Adressteil ab Seite 100.*

Literatur- & Karten-Tipps *finden Sie auf Seite 107*

Etappenvorschlag

1. Tag	Themar – Meiningen	ca. 23 km
2. Tag	Meiningen – Wasungen	ca. 16 km
3. Tag	Wasungen – Breitungen	ca. 17 km
4. Tag	Breitungen – Dorndorf	ca. 27 km
5. Tag	Dorndorf – Berka	ca. 29 km
6. Tag	Berka – Creuzburg	ca. 33 km
7. Tag	Creuzburg – Probstei-Zella	ca. 19 km
8. Tag	Probstei-Zella – Eschwege	ca. 28,5 km
9. Tag	Eschwege – Wahlhausen	ca. 22,5 km
10. Tag	Wahlhausen – Witzenhausen	ca. 16,5 km
11. Tag	Witzenhausen – Hann. Münden	ca. 22 km

Tipps für Tagestouren

1.	Henfstädt – Meiningen	ca. 19 km
2.	Walldorf – Schwallungen	ca. 18 km
3.	Breitungen – Tiefenort	ca. 22 km
4.	Sallmannshausen – Spichra	ca. 14 km
5.	Lauchröden – Creuzburg	ca. 17 km
6.	Creuzburg – Mihla	ca. 11 km
7.	Creuzburg – Treffurt	ca. 26 km
8.	Wanfried – Eschwege	ca. 8 km
9.	Altenburschla – Eschwege	ca. 13 km
10.	Treffurt – Eschwege	ca. 21 km
11.	Eschwege – Allendorf	ca. 20 km
12.	Witzenhausen – Hann. Münden	ca. 21 km

Länge & Dauer der Tour

Länge der Tour: 250 km. Für einen gemütlichen Kanuurlaub 10, besser 12-15 Tage einplanen.

Für eine sehr sportliche Paddeltour je nach Kondition & Anspruch mindestens 8 Tage. Bei Zeitbedarf für Besichtigungen und Ausflüge entsprechend länger.

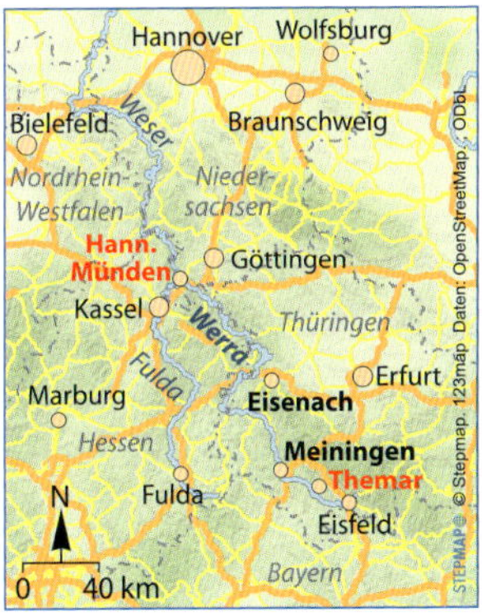

Umtragestellen

29 Wehre (3 davon mit Schleuse)
Henfstädt, Leutersdorf, Vachdorf, Belrieth, 2 x Obermaßfeld-Grimmenthal, 2 x Meiningen, Schwallungen, Wernshausen, Bad Salzungen, Tiefenort, Merkers, Dorndorf, Philippsthal, Heimboldshausen, Lengers, Heringen, Berka, Sallmannshausen, Wommen, Spichra, Mihla, Falken, Wanfried, Eschwege *(Schleuse)*, Bad Sooden-Allendorf *(Schleuse)*, Laubach *(Wasserkraftwerk „Letzter Heller", Schleuse aktuell gesperrt)* und Hann. Münden.

Die **Ein-** und **Ausstiegstellen sind beschildert**.
Aufgrund der Länge einzelner Portagen ist ein **Bootswagen** nötig.

Die Tour von Themar nach Hann. Münden

Tourist-Info Themar
(036873) 697 32

Themar ist als die Stadt der sieben Türme bekannt. Die spätgotische ***St. Bartholomäuskirche*** mit ihrem sehenswerten Schnitzaltar, der ***historische Marktplatz*** mit dem prächtigen ***Rathaus*** von 1711 und das ehemalige Amtshaus im hennebergisch-fränkischen Fachwerkstil das die *Tourist-Info* und eine kleine Ausstellung zur Stadtgeschichte beherbergt, sind nur ein paar Schritte von der **Einsetzstelle** entfernt.

km 249,9

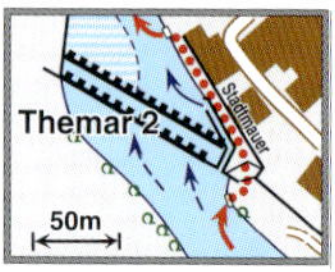

Direkt hinter der Stadtmauer, unterhalb des Fischaufstiegs am *Wehr*, kann gut **eingesetzt** werden.

Anfangs ist der Wasserstand sehr niedrig. Das gilt vor allem bis zur nächsten Brücke, aber auch dahinter heißt es noch, die Fahrtroute mit Bedacht zu wählen, denn immer wieder ist mit flachen Stellen zu rechnen. Am rechten Ufer zieht der schöne *Wohnmobilstellplatz* direkt unterhalb des Hexenturms an der historischen Stadtmauer vorüber, dann wird es einsam auf dem Wasser und ein dichtes Blätterdach hüllt uns in einen grünen Tunnel.

km 247

Wehr *re.* 3

Ferienhof & Pension Lindner
0170-707 77 56

Kanureich
0160-551 54 95
(036873) 696 71

In **Henfstädt** empfangen uns Fachwerkhäuser und Gutshöfe aus dem 16. und 17. Jh. und hinter der alten Steinbogenbrücke stellt sich das *Mühlenwehr* in den Weg. Das unfahrbare Steilwehr wird am rechten Ufer über den Radweg umtragen.

Vor der *Kanuvermietung Kanureich* mit idyllischem ***Biergarten*** führt der Weg wieder zurück ans Wasser.

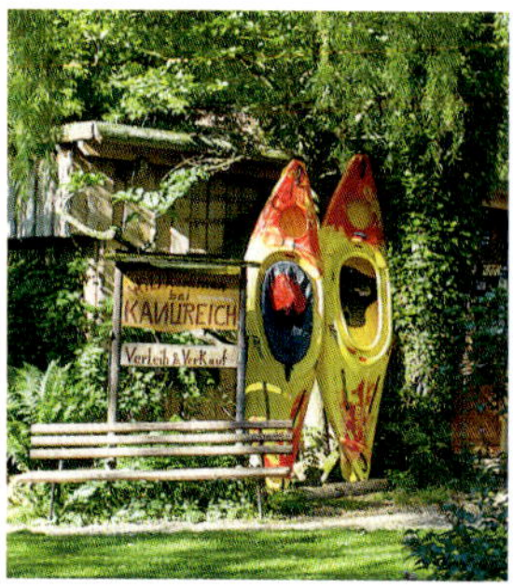

Die Portage am Wehr in Henfstädt lässt sich gut mit dem Besuch des idyllischen Biergartens verbinden

km 245,2

Wehr *li.* 4
mit robusten Booten evtl. fahrbar

Das *Naturwehr Leutersdorf* kann von erfahrenen Paddlern mit robustem Boot nach vorherigem Anschauen auf eigene Gefahr befahren werden. Zum Umtragen fahren wir links davon in den Kanal, setzen gleich rechts aus und tragen die Boote kurz zurück ans Werraufer.

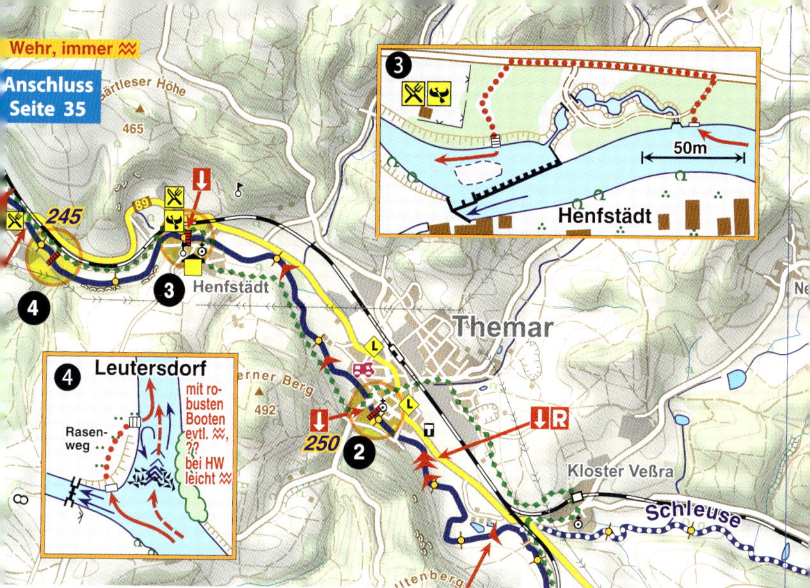

Den *Anleger* für einen Landgang finden wir kurz darauf links vor der Straßenbrücke. Im **Leutersdorfer** Ortskern erwarten uns zahlreiche ***fränkische Fachwerkhäuser*** und auf einem Bergsporn am westlichen Ortsrand erhebt sich die ***Kirchenburg aus dem 18. Jh.*** mit Ringmauer und Torturm. **km 244,7**

Die Möglichkeit das Werratal an dieser Stelle von Land aus zu erkunden bietet der 5 Kilometer lange, als Rundtour ausgelegte *Werrawiesenpfad* zwischen **Leutersdorf** und **Vachdorf**. Das *Obere Werratal* bildet mit seinen hochgelegenen trockenen Ackerflächen und den Felsbildungen am Höhensprung der Flussauen eine abwechslungsreiche Landschaft. Zurück im Boot will erst der kleine Brückenschwall gemeistert werden, dann liegen gut zwei hindernisfreie Kilometer vor uns.

An der *Wehranlage Brückenmühle* in **Vachdorf** setzen wir links noch vor dem Fischumlauf aus, *umtragen* über die Insel und lassen das Kanu am Graben unterhalb des Wehres wieder ins Wasser. Zuvor lohnt sich ein Abstecher zur gut erhaltenen ***Kirchenburg***. Im Gegensatz zur vorherigen in Leutersdorf, liegt sie nicht hoch über dem Dorf, sondern ging im Hochmittelalter unten am Talboden aus einer Wasserburg hervor und wurde durch einen Zwin- **km 242** **5 Wehr** *li.*

ger und vier Ecktürme gegen Angriffe geschützt. Die ***Kirche St. Trinitatis*** selbst ist im Renaissancestil erbaut.

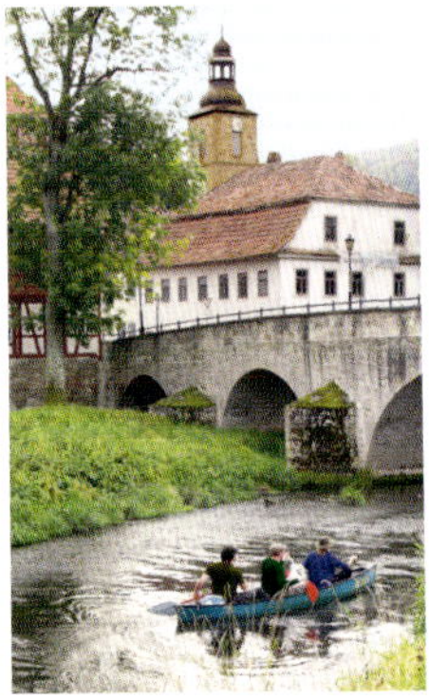

Belrieth

km 241,5 Hinter der Straßenbrücke von **Vachdorf** zieht am rechten Ufer der Sportplatz vorüber und unter der nächsten Brücke wartet eine ordentliche ***Stufe***.

km 238,6 Das *Naturwehr* in **Belrieth** wird am rechten Ufer *umtragen*. Die Treppen zum Wiedereinstieg finden sich noch vor der ***historischen Steinbogenbrücke*** (16. Jh.). *Bei dem Steinkreuz an der Brücke könnte es sich um ein Antoniuskreuz handeln, das einem Bauopfer galt.* Der nahe *Landgasthof Belrieth* *(500 m)* bietet deftige Hausmannskost zu fairen Preisen. Wenige Schritte weiter stellt die *Hofkäserei Belrieth* handwerklich und regional Bio-Käse her *(Verkauf vor Ort)*.

Wehr *re.* 6

Landgasthof Belrieth
(036949) 416 80

Wehrkirchen und Kirchenburgen an der Werra

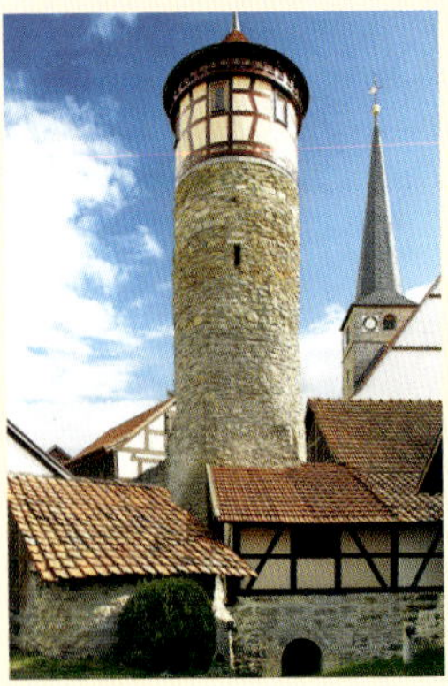

Vachdorfer Kirchenburg

Eine Besonderheit der Region sind die über viele der kleinen Orte im oberen Werratal wachenden und erstaunlich mächtigen Wehrkirchen und Kirchenburgen, die meisten davon im 12. und 13. Jh. erbaut. Weil im Gegensatz zur Stadt auf dem Lande die finanziellen Mittel fehlten, um eine schützende Wehranlage rund um die gesamte Siedlung zu errichten, wurden die Gotteshäuser – oftmals handelte es sich bei der Kirche um das einzige aus Stein errichtete Bauwerk – zu festungsgleichen Bollwerken mit massiven Ringmauern mit Zinnen und Schießscharten und Wehrtürmen zum Schutz von Mensch, Vieh und Ernte ausgebaut. Noch heute zeugen sie von den vielen kriegerischen Auseinandersetzungen und Plünderungen, denen die Menschen jahrhundertelang ausgesetzt waren – besonders, aber nicht nur, im Dreißigjährigen Krieg. In Walldorf sind noch die wuchtigen Bastionen erhalten, die zum Teil aus vier Etagen bestehen. Die Vachdorfer Kirchenburg ist eine der größten und am besten erhaltenen Anlagen ihrer Art im Oberen Werratal.

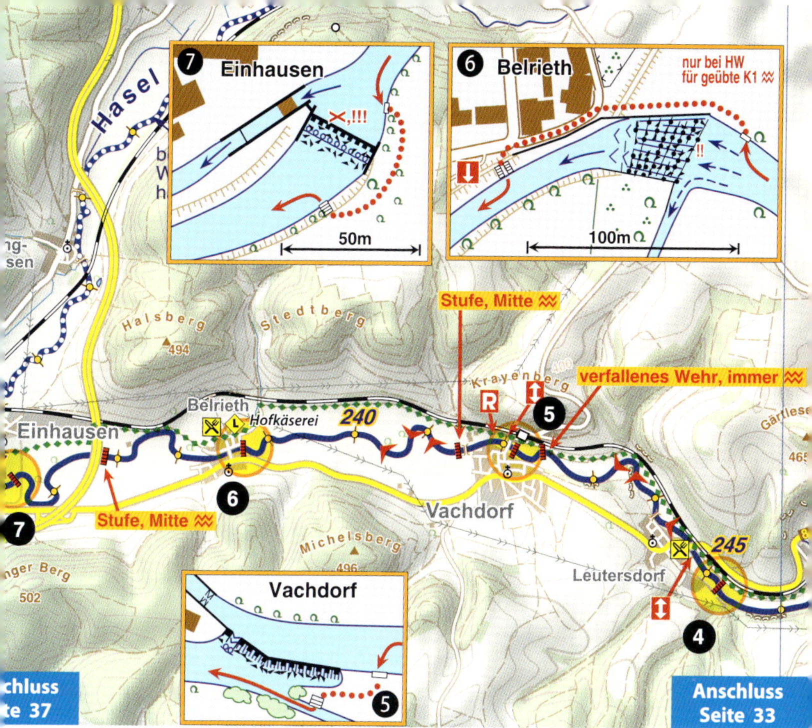

Über die Brücke gelangt man auf das linke Werraufer mit der gut erhaltenen ***Kirchenburg***. *Die befestigte Anlage hat noch alle 26 „Gaden" mit Gewölbekellern aus dem 16./17. Jh. Die sich im Kirchhof befindlichen Häuser dienten den Familien in Gefahrenzeiten als Unterkunft für Hab und Gut und das Vieh.*

Hofkäserei Belrieth (L)
(036949) 23 34
Mo-Do 7-13, Fr 7-12

Die Werra hat nun endgültig den Wald verlassen und führt durch eine offene Landschaft. Markante Station ist die hohe Brücke der Autobahn A 21, dann kündigt ein Kirchturm die nächste Ortschaft an.

Das *Wehr* der ***Wasserkraftanlage Gerlach-Einhausen*** wird am linken Ufer *umtragen*. Über die Brücke ist es nur ein kurzer Weg ins Zentrum des Straßendorfes **Einhausen,** *das durch eine 1369 zur Kirche umgebaute Wehranlage geprägt wird. Die* ***Kirche*** *gilt ob ihrer Schlichtheit als eine der schönsten im Umkreis und die aus Tuffstein bestehende Turmspitze, in Form einer schlanken ackteckigen Pyramide, ist sehr selten auf deutschem Boden.*

km 235,1

7 Wehr *li.*

km 233,3
Wehr *re.* 8
R

Vor dem *Schützenwehr* in **Obermaßfeld-Grimmenthal** landen wir rechtsufrig an und *umtragen* über die Wiese, wo sich am Wiedereinstieg ein ***Rastpavillon*** befindet .

*Die nahe, fünfjochige **Bogenbrücke** mit der kleinen Kapelle wurde in der Zeit von 1531-1534 aus den Einnahmen der Wallfahrt von Grimmenthal finanziert. So kamen in der Hochzeit der Wallfahrt bis zur Refomation jährlich etwa 44.000 Wallfahrer in den Ort.*

Gasthaus zur Linde
(036949) 212 43

Gaststätte Papperla-Pub
(036949) 213 41

*Vor der 1600-1612 erbauten und sehenswerten **Kirche St. Stephan** zeugt auf dem Vorplatz, dem ehemaligen Gerichtsplatz, ein rund 450 Jahre alter Kornmaßstein davon, dass **Obermaßfeld** das Marktrecht für Getreidemärkte inne hatte. Schon damals machten Händler und Fuhrmannschaften im hübschen Gasthaus zur Linde Rast.* Jenseits der alten Werrabrücke gelangt man zur *Gaststätte Papperla-Pub.* Hausgemachte Klöße mit Braten und andere deftige Gerichte stehen auf der Karte.

Bei der Weiterfahrt wartet unter der Brücke eine ordentliche ***Stufe*** und nach Unterfahren zweier weiterer Brücken sorgt die direkt neben dem Ufer verlaufende Straße nach Meiningen für die entsprechende Geräuschkulisse.

km 228,6
Wehr *li.* 9

Erster Vorposten von **Meiningen** ist das *Walkmühlenwehr,* das kurz am linken Ufer über die Wiese *umtragen* wird.

km 228,3

Meininger Kanusportverein
(03693) 71 13 45

Nach Passieren der ***Slalomstangen*** im Fluss führen am rechten Ufer ***Treppenstufen*** zum Vereinsgelände des *Meininger Kanusportvereins* hinauf. Im Bootshaus können auch eine Küche, Toiletten, Duschen und ein Aufenthaltsraum genutzt werden.

Anschließend säumen Kleingartenlauben das Ufer und trotz der Nähe zur Stadt bleibt es erstaunlich grün und ruhig. Hinter den ersten Häusern empfängt uns am alten ***Flussbad*** das Schild „Die Stadt Meiningen grüßt alle Wasserwanderer".

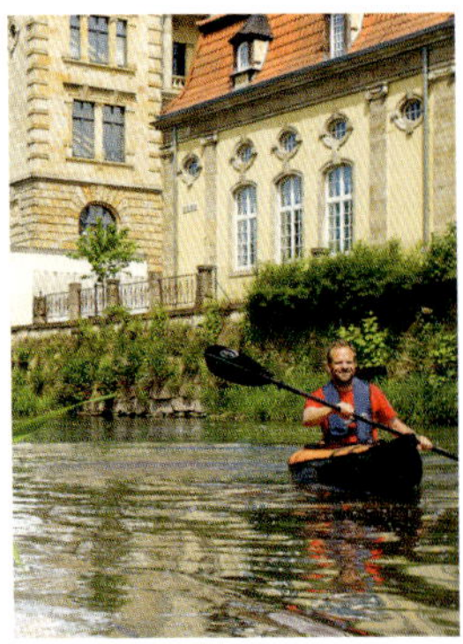

Historische Bauten des 19. Jh.

Anschluss Seite 43

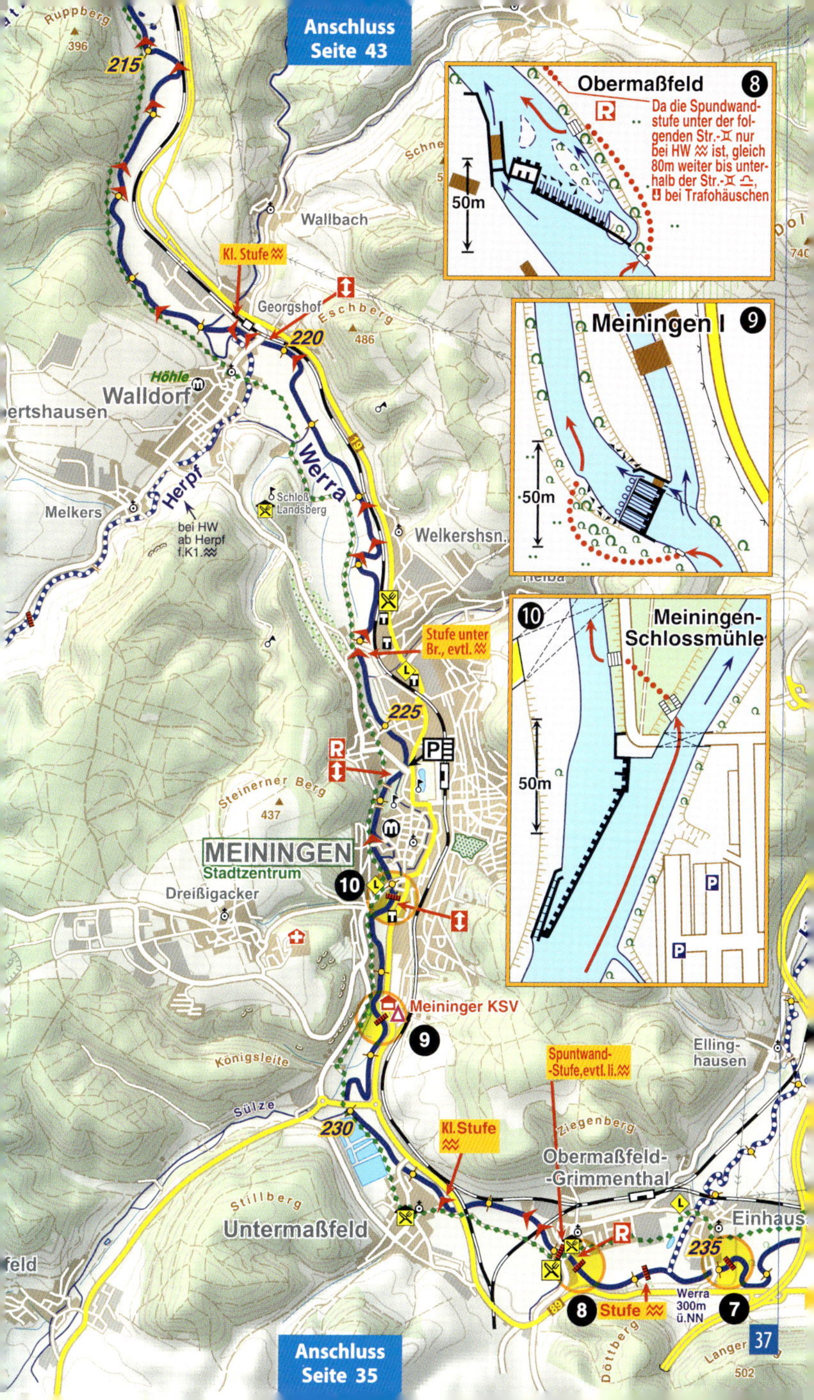

Anschluss Seite 35

Blick auf Meiningen

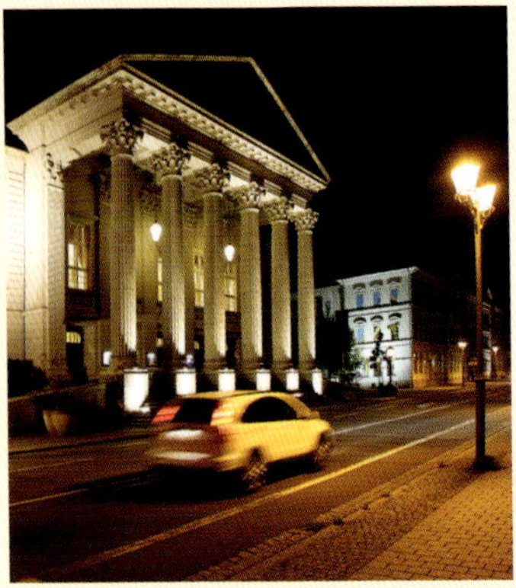

Musik- und Theaterstadt Meiningen

Die über 1.000jährige Residenzstadt Meiningen schmiegt sich malerisch zwischen die sanften Hügel des Oberen Werratals. Im Stadtbild wechseln sich breite Prachtstraßen mit repräsentativen Bauten des 19. Jh. und kleine, von Fachwerk gesäumte Gassen ab. Im prächtigen Residenzschloss Elisabethenburg lebte bis zu seinem Tod im Jahre 1914 der kunstbegeisterte Herzog Georg II. von Sachsen-Meiningen, der mit Hoftheater und -kapelle den Grundstein der „Theaterstadt" Meiningen legte und noch heute ist die Kreisstadt mit unzähligen Veranstaltungen ein wichtiges kulturelles Zentrum in Thüringen.

Tourist-Info
Ernestinerstr. 2, 98617 Meiningen, Tel. (03693) 446 50, www.meiningen.de

① ***Meininger Theater.*** Klassizistisches Theatergebäude von 1901 mit sechs korinthischen Säulen. Auf dem Spielplan stehen Oper, Operette, Schauspiel, Konzerte, Ballett und Puppentheater.

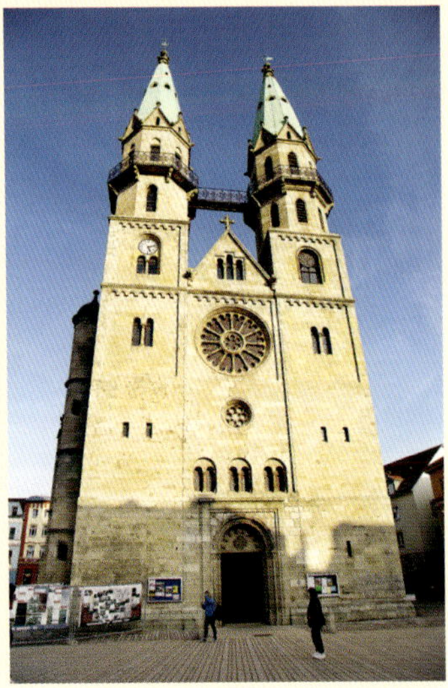

② ***Englischer Garten.*** 12 Hektar großer, romantischer Landschaftspark aus dem 18. Jh., Konzerte und Aufführungen in den Sommermonaten.

③ ***Theatermuseum „Zauberwelt der Kulisse".*** Knapp einstündige Präsentationen verschiedener Bühnenbilder aus Inszenierungen von Schiller, Shakespeare oder Kleist in der ehemaligen Reithalle der Herzöge.
Schlossplatz 2, Präsentationen Di-So jeweils 10, 12, 14 und 16.

④ ***Schloss Elisabethenburg.*** Dreiflügelige barocke Schlossanlage (1682-1692) mit Schlosskirche „Zur heiligen Dreifaltigkeit", Turmcafé und Meininger Museen.
Schlossplatz 1, Di-So 10-18.

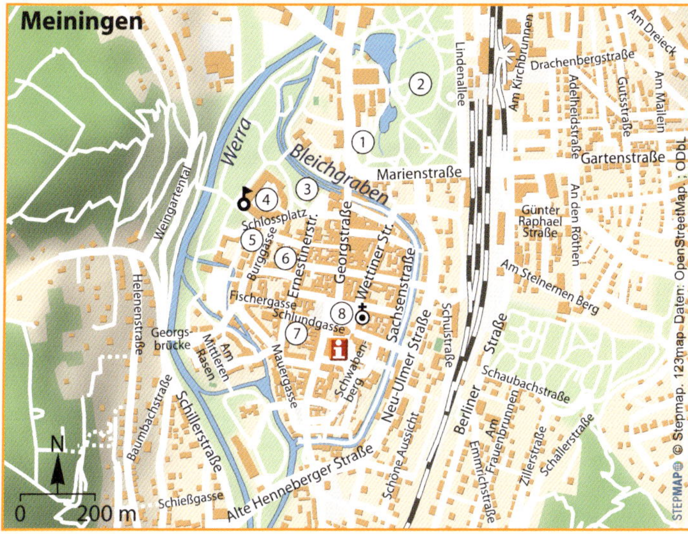

⑤ **_Baumbachhaus._** Fränkischer Fachwerkbau aus dem 18. Jh., heute Literaturmuseum, *Burggasse 22, Di-Fr 10-12 und 13-18, Sa/So 14-16.*

⑥ **_Alte Posthalterei._** Der dreigeschossige Fachwerkbau aus dem 17. Jh. beherbergt heute das Kunsthaus Meiningen mit Werkstätten, Proberäumen, Ateliers, Veranstaltungs- und Ausstellungsflächen sowie Bühne und Café. *Ernestinerstraße 14, Öffnungszeiten Galerie Sa/So 15-18.*

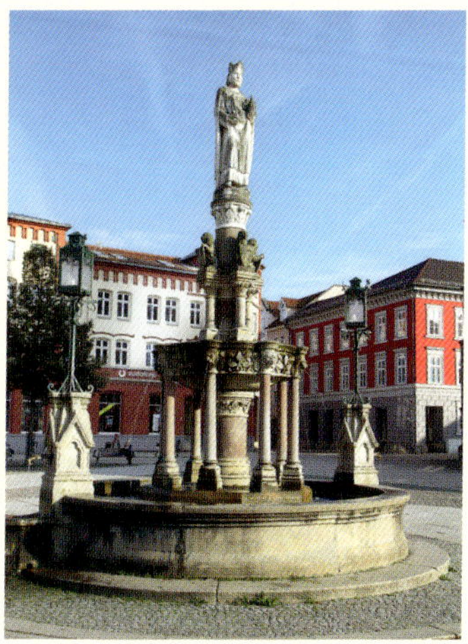

⑦ **_Schlundhaus._** Denkmalgeschütztes Haus in dem der Überlieferung nach die Thüringer Klöße erfunden wurden, mit prächtigem geschnitztem Erker, heute Hotel.

⑧ **_Marktplatz mit Stadtkirche und Heinrichsbrunnen._** Hallenkirche mit neuromanischer doppeltürmiger Westfassade. Brunnen mit lebensgroßem Standbild von Kaiser Heinrich II. *Kirchenbesichtigung Di-Fr 10-17, Sa 10-14.*

Tipp: ***Restaurant „Schloss-Stuben"*** mit guter Küche und tollem Salatbuffet. Im Sommer auch 2 Biergärten *(Di-So 11-22).*

km 227,1 Südlich des historischen Stadtzentrums erreichen wir das *Henneberger Wehr*, an dem wir rechts vorbei in die Flutmulde paddeln und direkt hinter der Brücke am linken Ufer anlegen, um das Boot über den Rad-/Fußweg ins Unterwasser zu *umtragen*. Im weiteren Verlauf passieren wir am linken Ufer hübsche ***Stadtvillen***.

Wehr re. 10

km 225,7 Hinter der ***Georgsbrücke*** dringt vom bewaldeten Ufer das Stimmengewirr der Radfahrer auf dem ***Werratalradweg*** herüber, zur Rechten reicht die ***Altstadt*** von **Meiningen** bis ans Wasser und hinter der Fußgängerbrücke passieren wir die Rückseite von ***Schloss Elisabethenburg.*** Kurz darauf liegt am linken Ufer ein ***Bootsanleger mit Rastplatz***.

An der nächsten Straßenbrücke übergibt die Flutmulde ihr Wasser zurück an die Werra und vor uns leuchten die rückseitigen Fassaden einiger repräsentativer Gebäude in der Sonne. Langsam kehren wir dem Stadtgebiet den Rücken und es wird wieder ruhig und grün.

Kurz vor Walldorf wacht ***Schloss Landsberg*** hoch über dem Werratal am linken Ufer. *Bernhard II. von Sachsen-Meiningen ließ es sich in der ersten Hälfte des 19. Jh. als Sommerresidenz errichten.* Heute steht das Gebäude, dem englische Adelssitze wie Windsor Castle als Vorbild dienten, schon lange leer. Nicht auszudenken, wenn das märchenhafte Schloss dem Verfall preisgegeben wäre.

km 219,7 Hinter der nächsten Flussbiegung erreichen wir die Brücke in **Walldorf** (rechts davor Anleger). Ebenfalls am rechten Ufer finden wir den ***Bahnhof***. Zum eigentlichen Ort mit seiner imposanten ***Kirchenburg*** laufen wir nach links über die Brücke. Aus einem karolingischen Königshof hervorgegangen, erhebt sie sich, mit Ringmauer und fünf Türmen bewehrt, auf einem aus der Talaue aufragenden Sandsteinfels. Familien mit Kindern können der nahen ***Sandstein- und Märchenhöhle mit dem Minifreizeitpark*** einen Besuch abstatten. *In der Sandsteinhöhle, einem unterirdischen Labyrinth von ca. 65.000 Quadratmeter Fläche, der größten Höhle dieser Art in Europa, erfährt man einiges über das harte Los der Walldorfer Sandmacher und den unterirdischen Abbau eines weißen, feinkörnigen Sandes, der als Streu- und Schersand verwendet wurde.*

Hinter **Walldorf** schlängelt sich die Werra für etwa sieben Kilometer durch das einsame Tal, dann thront hoch über dem rechten Ufer die Ruine von ***Burg Maienluft*** (12. Jh.). Die Wirtschaftsgebäude aus dem 19. Jh. werden heute als ***Hotel und Restaurant*** genutzt.

km 213,5

Zeltplatz der Stadt Wasungen
(WC, Dusche)
(036941) 715 05
(Tourist-Information)

Kurz hinter der Eisenbahnbrücke finden wir am rechten Ufer den *Anleger zur Zeltwiese* der Stadt Wasungen. Zwischen der nächsten Straßenbrücke und der darauf folgenden Fußgängerholzbrücke wirbt, etwas übertrieben, am linken Ufer die Tafel „Letzte Einkaufsmöglichkeit vor Bremen" für den hiesigen ***Supermarkt mit eigenem Bootsanleger***.

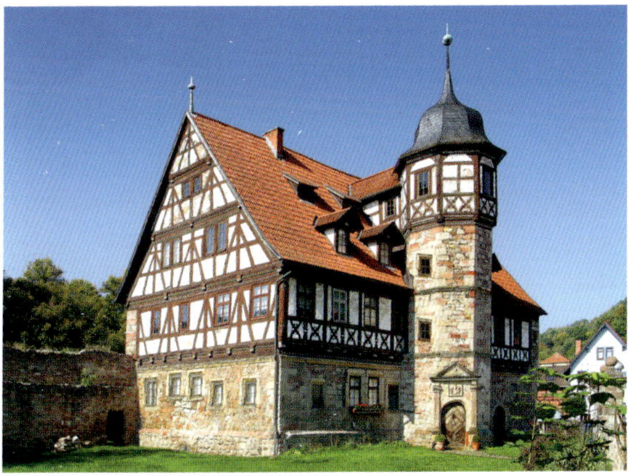

Das 1596 erbaute Damenstift war Wohnung für verarmte Damen adeliger Herkunft

km 212,7

Stadt- & Karnevalsmuseum
(036941) 715 05
Di-Fr 10-12 und 13-16, Sa 10-12, So (nur Mai-Sep) 14-16

Wasungen zählt zu den ältesten Siedlungen der Region und das Gesicht der ***Altstadt*** wird von historischen ***Fachwerkhäusern*** geprägt. Eines der prächtigsten ist das ***ehemalige Damenstift***, heute Sitz der *Tourist-Info* mit *Stadtmusem* und *Thüringischem Karnevalsmuseum, denn Wasungen gilt als Zentrum des thüringischen Karnevals, der bis ins 16. Jh. zurückreicht.*

Auf den folgenden vier Kilometern bis Schwallungen ist die Werra, abgesehen von ein paar kleineren, harmlosen Schwällen, im ersten Abschnitt hindernisfrei.

km 208,7
Wehr *li.* 11

Pfannstiel Outdoor-aktiv
(036848) 229 35

Der nächste „Zwangslandgang" steht am *Wehr* am südlichen Ortsrand von **Schwallungen** an. Es wird am linken Ufer *umtragen*, wo der örtliche *Kanuvermieter Pfannstiel* ein *Tipi* aufgebaut hat. Man kann aber auch sein eigenes *Zelt* aufstellen oder, falls der Sinn mehr nach einer festen Unterkunft steht, im *Bettenlager* in der alten Schmiede übernachten. Sogar einen kleinen Outdoor-Laden gibt es.

km 208

Gasthaus Zum Hirsch
(036848) 27 01 53

Gasthaus Zum Schwan
(036848) 218 02
& 0151-56 12 75 78

Zum ***Stadtbesuch*** lädt der *Anleger* vor der nächsten Straßenbrücke am rechten Ufer. Seit 1883 werden im ***„Gasthaus Zum Hirsch"*** wohlschmeckende Thüringer Spezialitäten auf den Tisch gebracht. Der Inhaber betreibt auch schräg gegenüber das historische ***„Gasthaus Zum Schwan"*** mit freundlichen Fremdenzimmern.

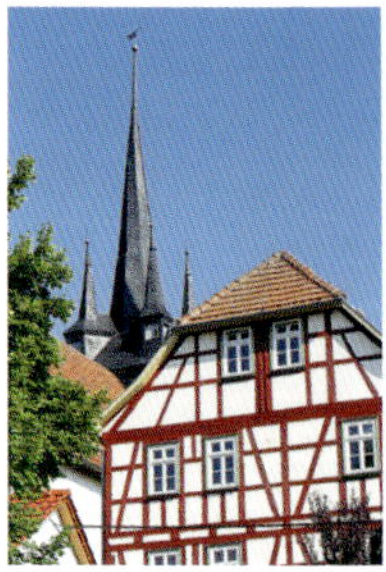

Schwallungen

km 207,3

Den dritten *Anleger* von **Schwallungen** finden wir am rechten Ufer etwa 200 Meter hinter der nächsten Fußgängerbrücke beim Sportplatz.

Im weiteren Verlauf fordert eine ***sehr enge Linkskurve*** gute Bootsbeherrschung, denn die Strömung drückt direkt auf einen weit ins Wasser ragenden Baum am Prallhang. Anschließend nimmt die Werra beständig an Breite zu und die Fließgeschwindigkeit ab und wir erreichen das Industriegebiet von **Wernshausen**.

km 203,9
Wehr *re.* 12

Der ***Rückstau*** ist das sichere Anzeichen der *Wehranlage* in **Wernshausen,** die am rechten Ufer *umtragen* werden muss. Von der Ausstiegsstelle tragen wir das Boot unter der Straßenbrücke hindurch.

Auf den folgenden Metern bleibt es sehr flach und evtl. muss das Boot ein Stück getreidelt werden. Ab dem Zusammenfluss mit dem Wasser aus der Papiermühle hinter der rostigen Eisenbahnbrücke haben wir dann aber wieder freie Fahrt.

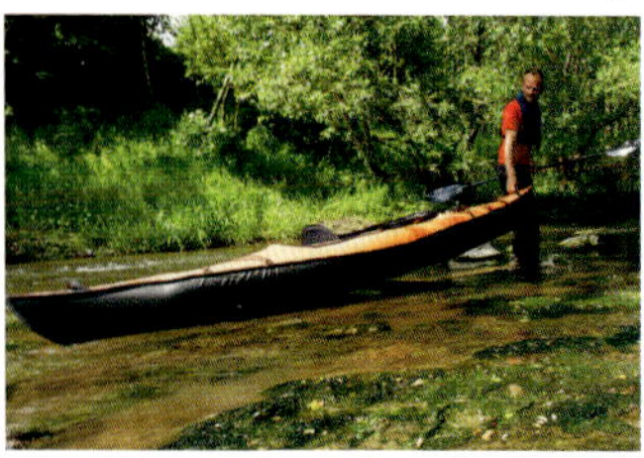

Die Werra ist nun breit und hat sich durch die Begradigung tief eingeschnitten. Die flotte Strömung trägt uns

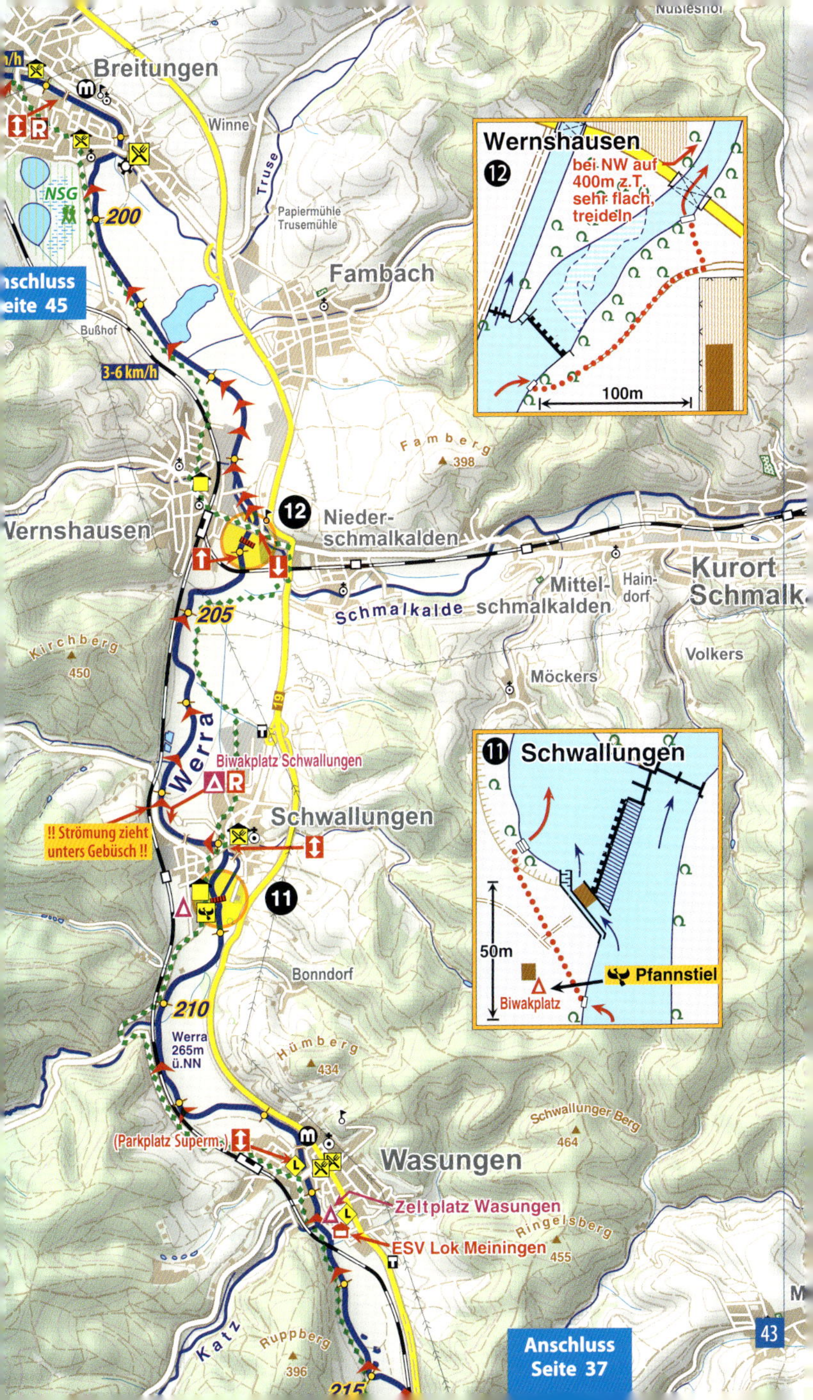

Anschluss Seite 45
Anschluss Seite 37

schnell nach **Breitungen,** wo hinter der Straßenbrücke eine kleine Kiesinsel im Fluss liegt.

Aktivmuseum Ländliches Brauchtum
(036848) 882 21
Mai-Okt Mi/Fr 10-12 und 13-16, 1. und 3. So 14-17

Bald darauf wacht hoch über dem rechten Ufer das *Schloss Herrenbreitungen und die romanische Basilika. Es war einst ein Kloster, das im Laufe der Reformation verwaiste und Mitte des 16. Jh. auf Anlass des hennebergischen Grafen Poppo XII. zum* ***Residenzschloss*** *umgebaut wurde.* Heute lässt hier das *Aktivmuseum „Ländliches Brauchtum"* frühere Zeiten lebendig werden und neben dem täglichen Programm gibt es thematische Führungen.

km 198,1

Hinter der imposanten Fußgängerbrücke finden wir am linken Ufer den ***Anleger*** und ***Rastplatz*** **Breitungen-Schafwerra**. Ein kurzer Fußmarsch (ca. 1 km) bringt uns zum ***historischen Marktplatz,*** der von schönen ***Fachwerkhäusern*** gesäumt wird.

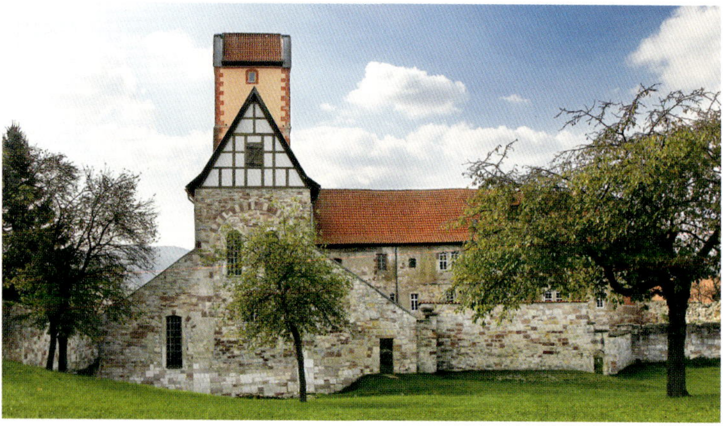

Im Aktivmuseum können Besucher selbst aktiv werden – kochen, backen, Handarbeitstechniken, alles wie zu Großmutters Zeiten

NSG

Einen kurzen ***Ausflug*** wert ist das südlich der Stadt gelegene *Naturschutzgebiet „Breitunger Seen".* Ein Rundgang um die 18 Hektar große Seenplatte, mit ihrer artenreichen Pflanzen- und Tierwelt (rund 150 Vogelarten), ist besonders für Vogelfreunde interessant.

km 197,7

Ein zweiter ***Anleger*** im Stadtgebiet von **Breitungen** wurde direkt hinter der Steinbogenbrücke am linken Ufer angelegt.

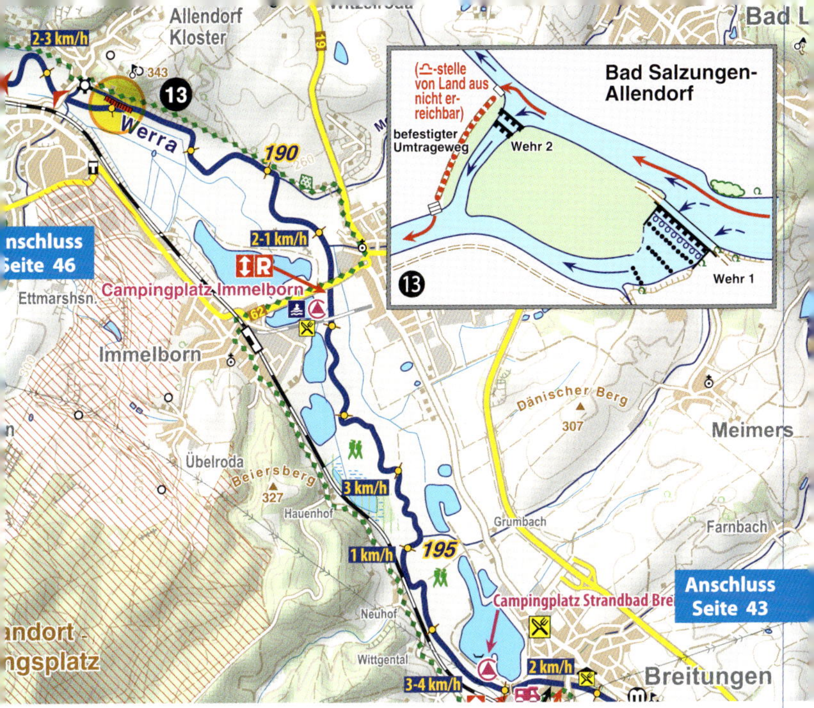

Der Ort entstand bereits im 10. Jh. an einer wichtigen Furt. Hinter der Metallgitterbrücke liegt dann am rechten Ufer ein Anleger und über die Wiese erreichen wir den ausgedehnten *Sandstrand am Breitunger Kiessee* mit großer ***Liegewiese, Beachvolleyballplatz, Minigolfanlage und*** *Campingplatz.*

km 196,9

Campingplatz Strandbad Breitungen
(036848) 40 95 12

Das *Naturschutzgebiet Forstloch-Riedwiesen* erstreckt sich mit seiner urwüchsigen Natur zu beiden Seiten der Werra. Rund ***192 Vogelarten*** machen es besonders wertvoll, auch zahlreiche wirbellose Arten, ***Fledermäuse, Amphibien*** und ***Säugetierarten*** können von einem mit Informationstafeln versehenen *Rundweg* aus beobachtet werden.

NSG

Auf dem schmalen, kurvenreichen Fluss kommt man zum nächsten ***Badesee***. Der Anleger für den *Campingplatz* in **Immelborn** ist links vor der Straßenbrücke zu finden. Ein Kletter- und Spielgerüst begeistert die Kinder und in der ***Grillstube*** gleich daneben können deftige Thüringer Spezialitäten genossen werden.

km 191,7

Camping Kiesgrube Immelborn
(03695) 62 21 01

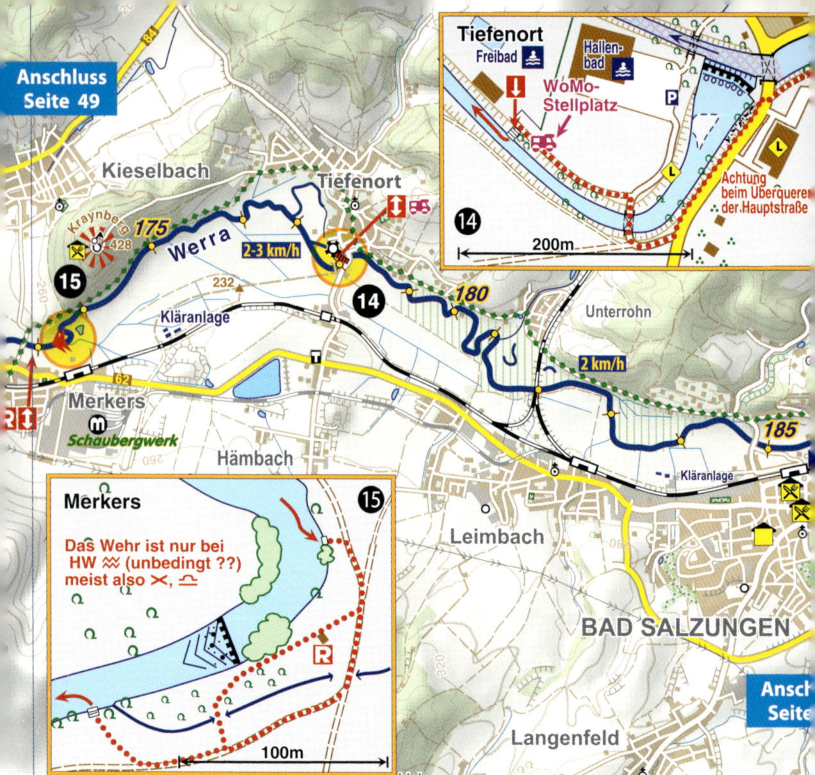

Die Fahrt verläuft problemlos weiter unter teils dichtem Weidentunnel, bis der Rückstau das Wehr oberhalb von **Bad Salzungen** ankündigt.

km 188

Wehr *re.* 13

An der *Wehranlage Allendorf* paddeln wir zunächst rechts oberhalb des ersten, breiteren Wehrs vorbei und legen hinter dem zweiten, schmaleren Wehr gegenüber der Häuser am linken Ufer an. Die *Portage* führt am Waldrand über die Wiese ins Unterwasser des ersten, breiteren Wehrs.

km 185,9

Tourist-Info Bad Salzungen
(03695) 69 34 20

Hinter der Wehranlage hat die Strömung wieder an Fahrt gewonnen. Den Bootsanleger von **Bad Salzungen** finden wir am rechten Ufer vor der Fußgängerbrücke hinüber zum Flößrasen.

Schon immer spielt Salz eine wichtige Rolle in der Stadtgeschichte und sogar die Kelten sollen vor über 2.500 Jahren die natürlichen Solequellen genutzt haben. Im 8. Jh. wurden die Salzquellen erstmals urkundlich erwähnt und verschaff-

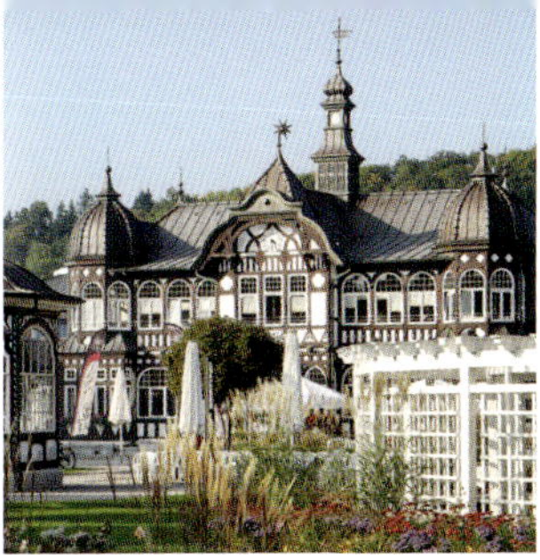

ten der Siedlung schnell das Stadtrecht. Der wirtschaftliche Aufschwung kam dann im 14. Jh., als der Bedarf an Salz zum Würzen und Konservieren stetig stieg. Ende des 16. Jh. wurden Gradierwerke errichtet, um den Herstellungsprozess zu beschleunigen. Die Kurtradition der Stadt nimmt ihren Anfang im 19. Jh., als man die bronchienschmeichelnde Wirkung der Sole entdeckte und die ursprüngliche Salzgewinnung rückte immer weiter in den Hintergrund. 1821 wurde das erste Badehaus errichtet und noch heute werden die hübschen Wandelgänge des Jugendstil-Gradierwerks sowie das angeschlossene Keltenbad von den Kurgästen aufgesucht.

Südlich der Altstadt empfiehlt sich noch ein rund 1,5 Kilometer langer ***Spaziergang*** auf der Promenade um den bis zu 25 Meter tiefen ***Burgsee***. Wichtige Bauwerke in unmittelbarer Nähe des Sees sind der ***Haunsche Hof*** und das ***Planetarium***, welches nach Voranmeldung mit seinem „Sternendinner", einem 4-Gänge-Sterne-Menü auf höchstem Niveau, die Besucher regelmäßig in die kosmische Welt der Gaumenfreude entführt. Begleitet werden diese Abende von wissenswerten Vorträgen zur Astronomie.

Zurück auf der Werra erwarten uns mäßig enge Kurven und zahlreiche überhängende Bäume, ansonsten auf knapp acht Kilometern aber keine weiteren Hindernisse. Erst in **Tiefenort** müssen wir links vor der Brücke aussetzen.

km 178,1

14 Wehr *li.*

Die ***„offizielle"*** *Portage* am *Mühlenwehr Tiefenort* ist lang. Wer abkürzen möchte, läuft bis zur Straße und setzt jenseits von ihr, direkt beim Supermarkt, an der Böschung ins Unterwasser ein. Ansonsten geht es auf dem Bürgersteig für etwa 200 Meter nach links und dann nach rechts über die Brücke zum Sportplatz auf der ***Heerstatt-Insel***, wo man wenige Schritte nach links vor dem ***Freibad*** (WoMo-Stellplatz) den Bootsanleger am Werraufer erreicht.

Im folgenden Abschnitt werden die Ufer etwas offener und bald rückt voraus die ***Ruine Krayenburg*** ins Blickfeld, die auf dem kegelförmigen, 431 Meter hohen ***Krayenberg*** hoch über dem rechten Ufer thront.

*Die einstige Burg diente dem **Kloster Hersfeld** als Schutzwarte für die hiesigen Güter und ist vom Grundriss her größer als die Wartburg. Im Dreißigjährigen Krieg wurde die Burg zur Ruine und war viele Jahre ein beliebtes **Ausflugslokal mit einem Aussichtsturm** mit weitem Blick über den Thüringer Wald. Leider ist es momentan geschlossen.*

km 173,5

Wehr *li.* 15

Nach einer engeren Kurve am Ende des Höhenzugs bei **Merkers,** etwa 4 Kilometer hinter **Tiefenort,** rauscht das Wasser über die ***Steinschüttung*** am *Wehr Merkers,* die am linken Ufer *umtragen* werden muss.

km 172,9

Nach der Portage prägt der ***Bergwerksturm*** die Silhouette über dem linken Ufer. Den Anleger von **Merkers** finden wir vor der Straßenbrücke. Im ***Kali-Bergwerk***, wo bei Kriegsende die gesamten Gold- und Devisenbestände der Reichsbank und Kunstwerke von unschätzbarem Wert lagerten, eröffnet heute ein *Erlebnisbergwerk* einen spannenden Einblick in den Kalibergbau. Die Tour führt bis zu 800 Meter unter die Erdoberfläche, vorbei am ***größten untertägigen Schaufelradbagger der Welt*** und zur erst 1980 entdeckten *Kristallgrotte* (s. Seite 50) mit imposanten Salzkristallen mit bis zu einem Meter Kantenlänge.

Erlebnis Bergwerk Merkers
Führungen Di-Sa 9.30 + 13.30
Ticketreservierung erforderlich:
(03695) 61 41 01

km 169,6

Wehr *li.* 16

Das *Wehr* am Kraftwerk in **Dorndorf** wird auf etwa 250 Meter am linken Ufer *umtragen*. Ältestes Bauwerk von Dorndorf ist die ***evangelische Wehrkirche*** (Zwiebelturmdach) mit romanischem Portal aus der Mitte des 12. Jh. Der Ort ist Ausgangspunkt schöner *Wanderungen* in die hügeligen Ausläufer der Rhön und des Thüringer Waldes.

Fahrrad- und Wanderherberge Dorndorf
(036962) 217 12
(ca. 1 km Fußweg)

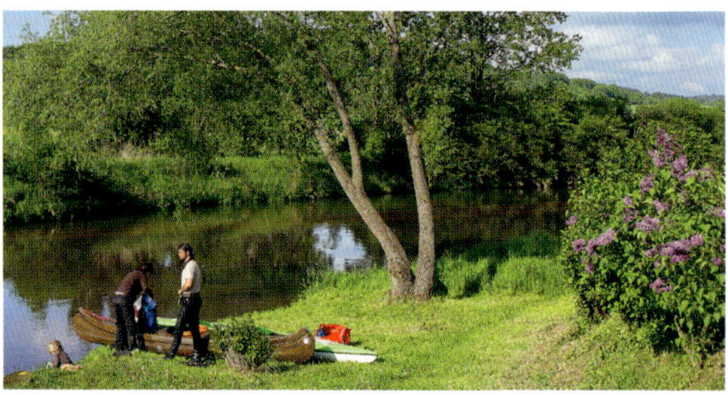

Ausstieg vor dem Wehr in Dorndorf

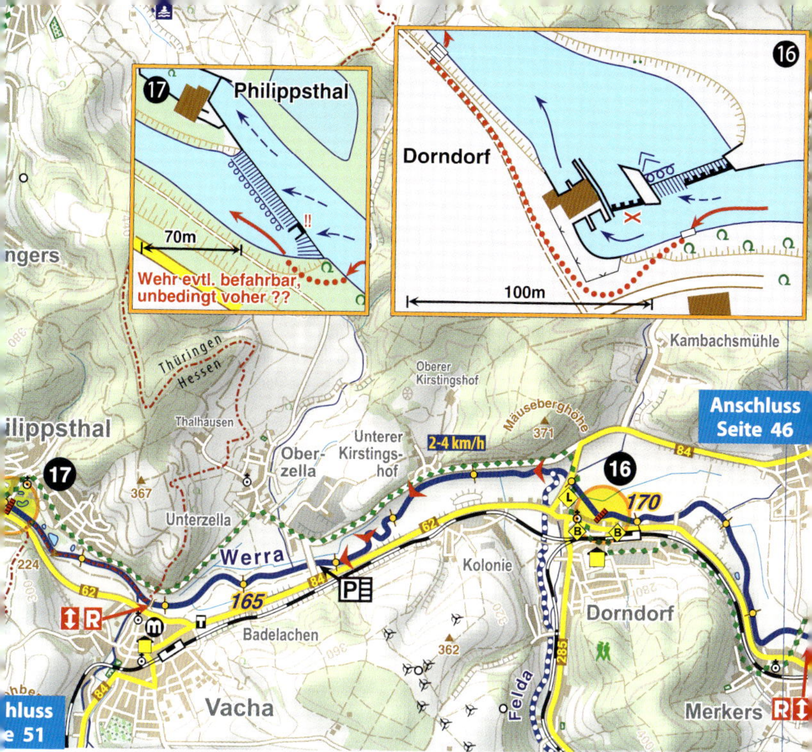

Die Werra ist auf etwa 30 Meter Breite angewachsen und die Ufer sind baumlos. Nach etwa 6 Kilometer zieht am linken Ufer die eindrucksvolle Silhouette von **Vacha** mit Türmchen und Fachwerk vorbei. *Im Mittelalter war Vacha wegen seiner Lage an der Via Regia, der alten Handelsstraße von Frankfurt nach Leipzig, ein wichtiger Handelsplatz.*

Den ***Anleger*** für einen Stadtbesuch finden wir an der ***historischen Sandsteinbrücke***, die seit 1342 den Weg in die Stadt ermöglicht. Beschützt wird der Werraübergang seit Mitte des 13. Jh. von *Burg Wendelstein,* heute Sitz des *Heimatmuseums* mit großer Puppensammlung und einer *Ausstellung zur Grenzgeschichte*.

km 163,9

Museum Burg Wendelstein
(036962) 228 39
Di/Do/Fr 10-17, Mi 10-12, Sa/So 14-17

Das *Wehr* in **Philippsthal** wird am linken Ufer *umtragen*. Im Ort sind das ***Barockschloss mit Orangerie, das Grenzmuseum im Torbogenhaus, der idyllische Schlosspark mit seinen alten Bäumen sowie die dreischiffige Klosterkirche aus dem 12. Jh.*** sehenswert.

km 162

17 Wehr *li.*

Grenzmuseum
(06620) 14 32

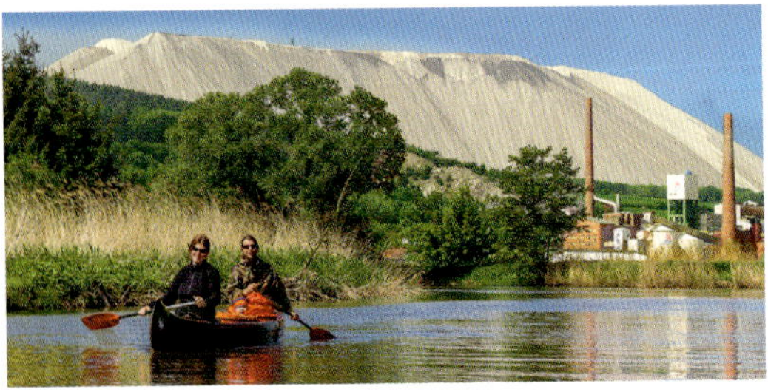

Der Monte Kali bei Heringen prägt die Landschaft. Der BUND fordert schon lange die Salzeinträge in Werra und Weser konsequent zu reduzieren, der Düngemittelproduzent K+S stellte 2020 den Antrag, höhere Salzmengen einleiten zu dürfen als vereinbart.

Hinter dem Ort präsentiert die Werra ihr industrielles Gesicht und bald ist der ***„Monte Kali"***, eine mächtige Abraumhalde des Kalibergbaus, die sich höher als der Kölner Dom auftürmt, unser Begleiter.

km 158,8
Wehr *li.* 18

Die *Portage* am *Wehr* von **Heimboldshausen** erfolgt am linken Ufer. Den ***Anleger*** finden wir ca. 1 km weiter hinter der übernächsten Brücke nach dem Zusammenfluss der beiden Arme am linken Ufer.

i Die versalzene Werra

Im Oberlauf der Werra zwischen Bad Salzungen und Mihla werden seit Jahrhunderten Kalisalze aus der Erde gefördert, die hier durch prähistorische Meere vor Jahrmillionen abgelagert wurden. Sichtbarstes Zeichen sind die weißen Berge wie der imposante Monte Kali bei Heringen, eine Abraumhalde des beim Kalibergbau mitgeförderten Kochsalzes, die als weit und breit höchste Erhebung die Landschaft prägt. Bei Regen wird das Salz aus den Halden gewaschen und bis 1989 wurden so viele salzhaltige Abwässer aus dem Kalibergbau in den Fluss geleitet, dass dieser ökologisch tot war.

Seit der Wende hat sich der Salzgehalt der Werra vor allem aufgrund des wirtschaftlichen Umbruchs und der Schließung vieler Kaliwerke in Thüringen zwar deutlich reduziert, aber die Wasserqualität ist bis heute problematisch und der Fluss noch immer einer der salzigsten Deutschlands.

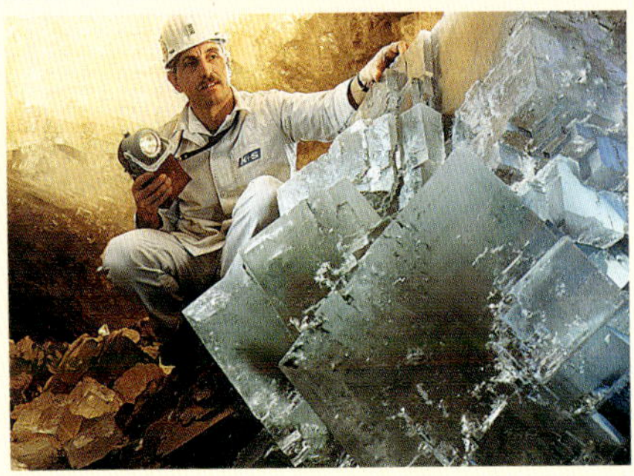

Erlebnisbergwerk Merkers: Viele hundert Meter unter der Erdoberfläche taucht man ein in die Welt des weißen Goldes (s. Seite 46)

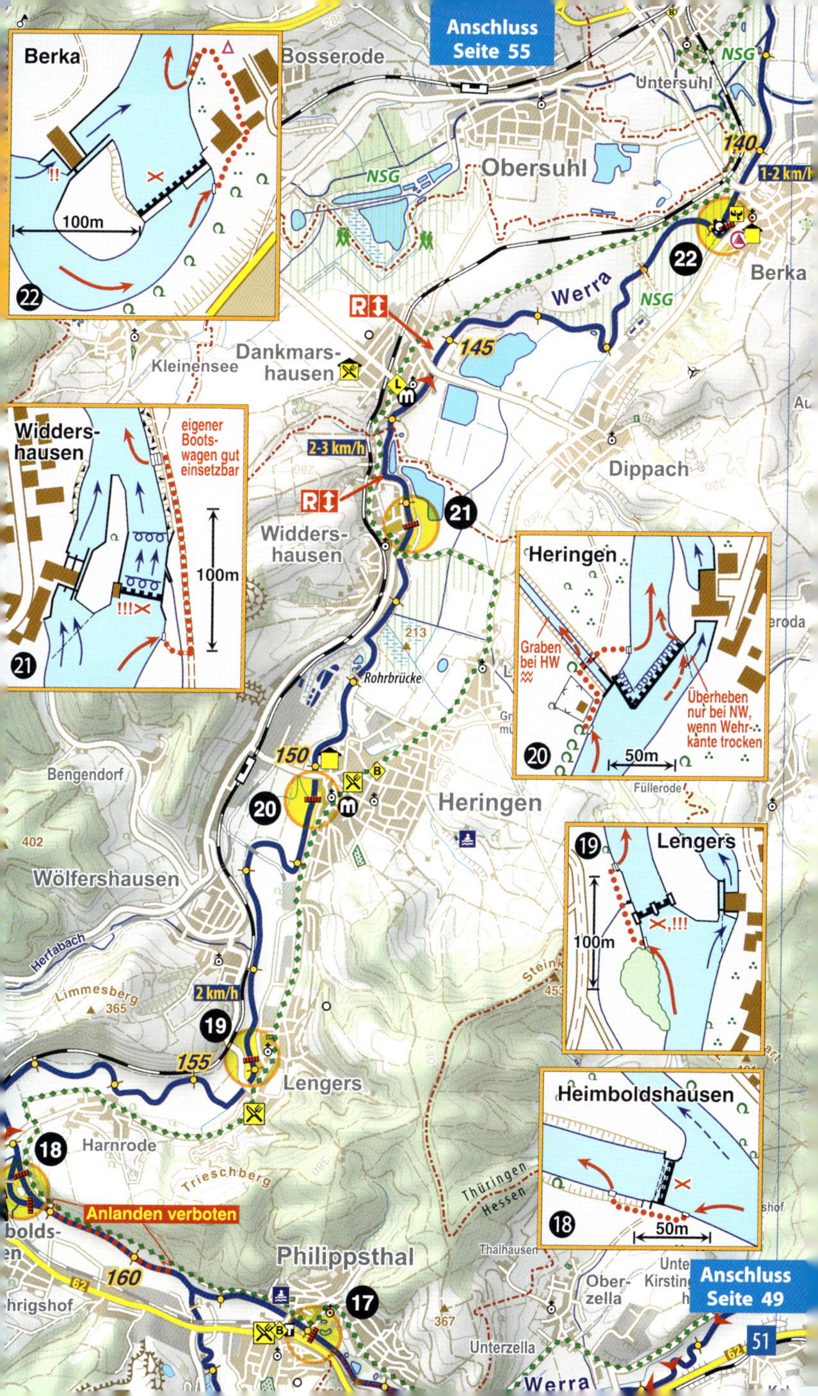

Anschluss Seite 55
Berka
!!
100m
22
Bosserode
Untersuhl
NSG
Obersuhl
140
1-2 km/h
Berka
Werra
145
Dankmars-hausen
Kleinensee
Widders-hausen
eigener Boots-wagen gut einsetzbar
!!!
100m
21
2-3 km/h
Widders-hausen
Dippach
Heringen
Graben bei HW
Überheben nur bei NW, wenn Wehr-kante trocken
50m
20
213
Rohrbrücke
150
Bengendorf
Heringen
Füllerode
402
Wölfershausen
Herfabach
Limmesberg
365
2 km/h
19
155
Lengers
Lengers
!!!
100m
453
Heimboldshausen
18
50m
Harnrode
Trieschberg
Anlanden verboten
Thüringen
Hessen
Thalhausen
Philippsthal
160
17
367
Ober-zella
Unterzella
Anschluss Seite 49
Werra

Die Werra wird wieder grüner, Schwäne dümpeln auf dem Wasser, am linken Ufer erhebt sich ein Höhenzug und in einem Steiluferabbruch haben es sich Uferschwalben bequem gemacht.

km 153,6
Wehr *li.* 19

Knapp 300 Meter nach der Straßenbrücke in **Lengers** ist das *Wehr* erreicht. Es wird am linken Ufer *umgangen* – voraus weist uns einmal mehr der ***Monte Kali*** den Weg. Ein Informationsschild „beruhigt" uns mit dem Hinweis auf die stetig sich verbessernde Wasserqualität der Werra.

km 150,3
Wehr *li.* 20

Das *Wehr* in **Heringen** lässt nicht lange auf sich warten und will am linken Ufer *umtragen* werden.

km 149,8
L R

Pension am Werraufer
(06624) 54 37 87

Als nächstes erreichen wir am rechten Werraufer den schwimmenden Bootssteg am Sportplatz in **Heringen.** Hier bietet die *Pension am Werraufer* eine Möglichkeit zur Übernachtung.

Werra Kalibergbau Museum
(06624) 91 94 13
7. Jul-31. Okt
Mi, Do, Fr, So 13-17

*Über die mehr als 100-jährige **Geschichte des Kalibergbaus** an der Werra von den Anfängen bis heute informiert das örtliche **Werra Kalibergbau Museum** anschaulich mit Maschinen, Fotos und Modellen. Das Museum organisiert (Mär-Okt) nach Voranmeldung auch eine **Besteigung des Monte Kali.** Der etwa 15-minütige Aufstieg auf den über 200 Meter hohen „Gipfel" wird mit einem grandiosen **Panoramablick** auf Rhön, Thüringer Wald, Hohen Meißner und das Werratal belohnt.*

km 147,2
Wehr *re.* 21

Im Ortsteil **Widdershausen** zwingt uns das nächste *Wehr* zum *Landgang*. Dahinter werden die Boote am rechten Ufer über eine steile Treppe wieder zu Wasser gelassen. Dies funktioniert dank einer gut bremsenden Gummimatte viel besser als gedacht.

km 145,2
R

Heimatstube
Besichtigung nach Terminabsprache: Tel. 0171-328 17 97

Am Ortsrand von **Dankmarshausen** bietet sich oberhalb des Bootsanlegers links hinter der Werrabrücke eine Pausenmöglichkeit. Im ***historischen Ortskern*** mit seinen gut erhaltenen Fachwerkhäusern finden wir die ***spätgotische Sandsteinkirche*** von 1431 und die *Heimatstube*.

NSG

Das zwischen **Dankmarshausen** und **Obersuhl** gelegene *Naturschutzgebiet „Rhäden"*, ein bedeutendes Rastgebiet für Wat-, Wasser- und Wiesenvögel, war einst ein Sumpfgebiet, das man im Jahre 1859 trockenlegte. Auf einem acht Kilometer langen **Rundweg** kann es erkundet werden.

In **Berka** legen wir rechts oberhalb des *Wehrs* an und *umtragen* die Boote über das Gelände des *Freizeitcamps.* Die *Kanuvermietung* samt kleinem Zeltplatz bietet auch die Möglichkeit zur *Übernachtung* in komfortablen *Holzbungalows.*

km 140,9

22 **Wehr** *re.*

Freizeitcamp Berka/Werra
0173-295 85 31

Als wichtige Station an der Handelsstraße nach Kassel wurden schon im frühen Mittelalter vier Märkte pro Jahr in **Berka** *abgehalten und 1847 erhielt der kleine Ort sogar die Stadtrechte. Sehenswert in dem von Fachwerk geprägten Ortskern, sind die* ***Wehrkirche*** *und das* ***Rathaus (17. Jh.).*** *Zu den prominentesten Besuchern zählten Napoleon Bonaparte, der sich im örtlichen Gasthaus nach der Schlacht von Leipzig stärkte und Martin Luther, der, 1521 aus Worms kommend, hier einkehrte.*

Nächste Station ist **Gerstungen** mit seinem eindrucksvollen ***Fachwerk-Schloss***, *das im 17. und 18. Jh. auf den Grundmauern einer Wasserburg errichtet wurde und heute das* ***Heimatmuseum*** *beherbergt. Es zeigt in 22 Räumen eine Vielzahl an Ausstellungsstücken zur Geschichte der Region. Unter dem Titel „Steinreiche Werra" werden mineralogische Fundstücke (Kieselhölzer, Versteinerungen) aus der Flussaue ausgestellt und über die Entstehung der Werralandschaft informiert.*

km 137,4

(ca. 1 km)

Gaststätte Der Drache
(036922) 208 87
Do Ruhetag

Werratalmuseum
(036922) 24 52 61
Di-So 14-17

Den *Anleger* für einen Stadtbesuch finden wir hinter der Brücke am linken Ufer. Von hier ist es nur ein kurzer Weg bis zum ***Schloss*** und zum ***Marktplatz*** mit dem Storchenbrunnen. Eine architektonische Besonderheit stellt die ***Kirche im OT*** **Untersuhl** dar – eine der wenigen Rundkirchen Europas. *Der Ursprung dieser besonderen Bauform ist ungeklärt. Vermutungen reichen von einer frühchristlichen Kapelle römischen Ursprungs, über einen wehrhaften Burgturm aus dem Mittelalter bis zu einer Burgkapelle aus dem 11. oder 12. Jh.*

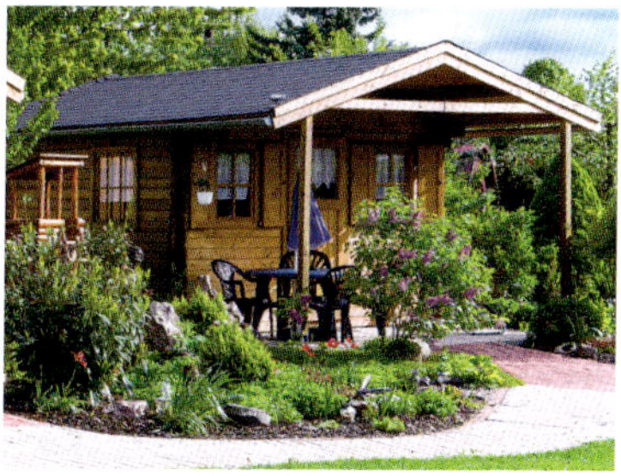

Komfortable Übernachtung im Freizeitcamp Berka

km 135,3

Schwimmbad Gerstungen
(036922) 202 49

Eine Möglichkeit zur Abkühlung bietet das *Freibad Gerstungen.* Vom Bootsanleger am linken Ufer sind es etwa 400 Meter bis zum Schwimmbad-Eingang.

km 130,1

Wehr *li.* 23

R

Gasthaus Zum Schiff
(036922) 317 54

Haus Kirchhof
0172-401 40 58
mind. 2 Nächte

Am *Wehr* in **Sallmannshausen** landet man vor dem Fischaufstieg am linken Ufer an, *trägt um* und setzt am Auslauf des Fischaufstiegs wieder ein.

Direkt am gegenüberliegenden Ufer lockt das *Gasthaus Zum Schiff* mit deftiger Hausmannskost zu günstigen Preisen und der kleine Gastraum ist zur Mittagszeit meist gut gefüllt. Die Gegend um Sallmannshausen und Lauchröden eignet sich besonders gut zu ausgedehnten, aber auch zu kleinen *Wanderungen.*

km 127,8

In **Wommen**, einem Ortsteil von **Herleshausen**, sehen wir den ***Bootsanleger des Angelvereins*** am linken Ufer.

Im nahegelegen Ortskern, der über die Bahnbrücke zu erreichen ist, sind das ***Schloss***, Anfang des 20. Jh. auf den Grundmauern einer ehemaligen Wasserburg errichtet und die ***barocke Kirche*** aus dem 18. Jh. sehenswert.

km 127,2

Wehr *re.* 24

R

Das folgende *Wehr Steinmühle* wird am rechten Ufer etwas mühsam *umtragen.*

km 123,8

Ferienhaus an der Werra
(036927) 908 74
od. 0175-177 86 34

Wanderherberge Aßmann's Hof
(036927) 906 19

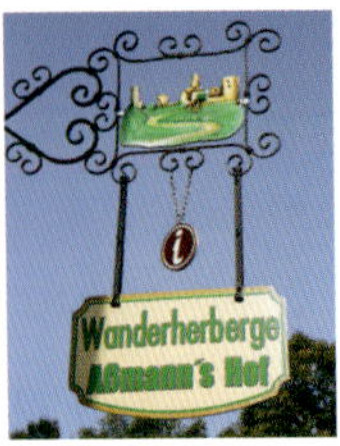

Das *„Ferienhaus an der Werra"* *(FeWo & Zimmer)* am Ortsanfang von **Lauchröden** verfügt sogar über einen eigenen Bootsanleger am rechten Ufer. Für Übernachtungen unter 3 Tagen sollte man zuvor anfragen.

Die *Wanderherberge Aßmann's Hof* liegt leider nicht direkt am Wasser. Vor

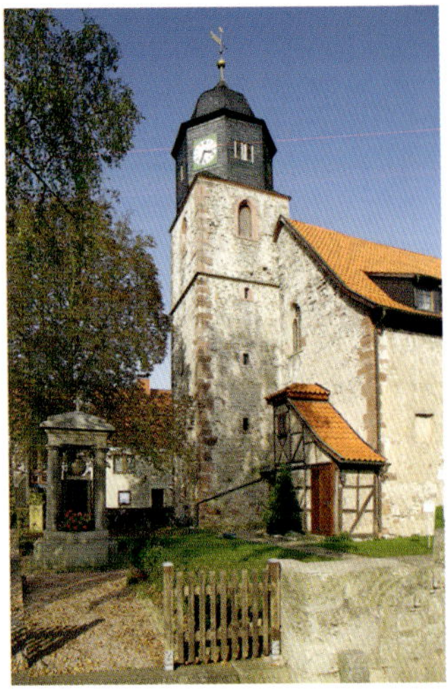

Das beschauliche Lauchröden mit der 1144 geweihten Martinskirche ist Ausgangspunkt reizvoller Wanderungen

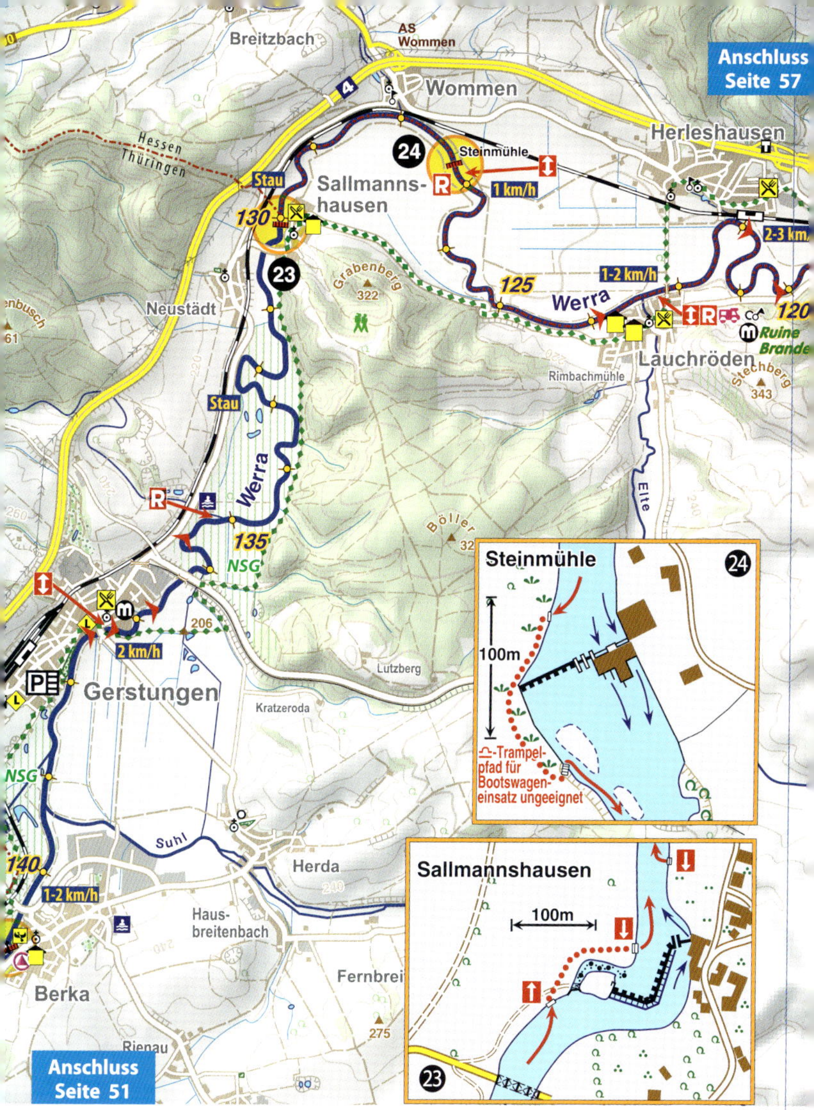

der Straßenbrücke bietet der ***Bootsanleger*** die Möglichkeit zur Rast *(WC, WoMo)* in einem überdachten Pavillon.

km 123,1

Im nun folgenden Abschnitt war die Werra zur Zeit der Deutschen Teilung Grenzfluss und an den Ufer im „Niemandsland“ konnte sich die Natur frei entfalten.

Burgmuseum
(036927) 906 19 &
0176-56 95 83
Apr-Sep So 11-17

Die flotte Strömung greift beim Paddeln unter die Arme und bald erheben sich auf einem Berg am rechten Ufer die Mauerreste der ***Burgruine Brandenburg*** *(Mitte 12. Jh.) – die größte Doppelburganlage Thüringens. Aufgrund der Nähe zur Handelsstraße von Gerstungen nach Eisenach und zur Via Regia waren die Burgherren für den Geleitschutz der Handelszüge in ihrem Bereich zuständig.* Das Burgmuseum vermittelt Wissenswertes zur Geschichte und Bedeutung der Burg im Mittelalter und der frühen Neuzeit.

Unterhalb macht die Werra eine weite Schleife, an deren nördlichem Scheitelpunkt **Herleshausen** mit ***Schloss Augustenau*** aus dem 16. Jh., dem Stammsitz der Fürsten von Hessen, liegt.

km 118,6

Nach einer schönen Strecke mit vielen Flussschlingen zu Füßen der ***Ruine Brandenburg*** bietet der ***Bootsanleger*** in **Göringen** am rechten Ufer einen ***Rastplatz*** mit Sitzmöglichkeiten.

km 117,5

Etwa 200 Meter hinter der Straßenbrücke in **Wartha** finden wir links einen ***Bootsanleger*** beim Spielplatz. Im Ort gibt es ein ***Eiscafé***. *Die 1586 erbaute* ***Dorfkirche*** *gilt als älteste, und zugleich kleinste Fachwerkkirche Thüringens.*

km 117

Landhotel Zur Guten Quelle
(036928) 903 75

Kringeltours
(036928) 960 71 od.
0171-907 16 86

Im **OT Neuenhof** lädt der ***Anleger*** am rechten Ufer mit überdachten Sitzgelegenheiten im Park zur Rast. Der ***Landschaftspark*** gehört zum ***Schloss*** und im Ort bietet die Gaststätte „Zur Guten Quelle“ *(Mo Ruhetag)* die Möglichkeit zur Stärkung. Der *Kanu- und SUP-Vermieter Kringeltours* bietet auch geführte Touren an.

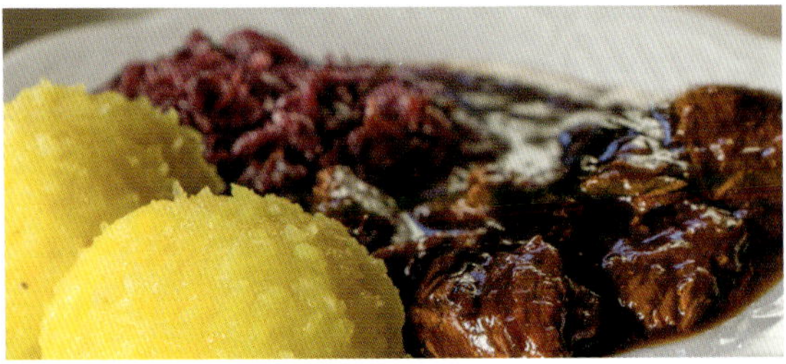

Die Thüringer Küche ist fleischbetont und deftig: Gulasch mit Thüringer Klößen

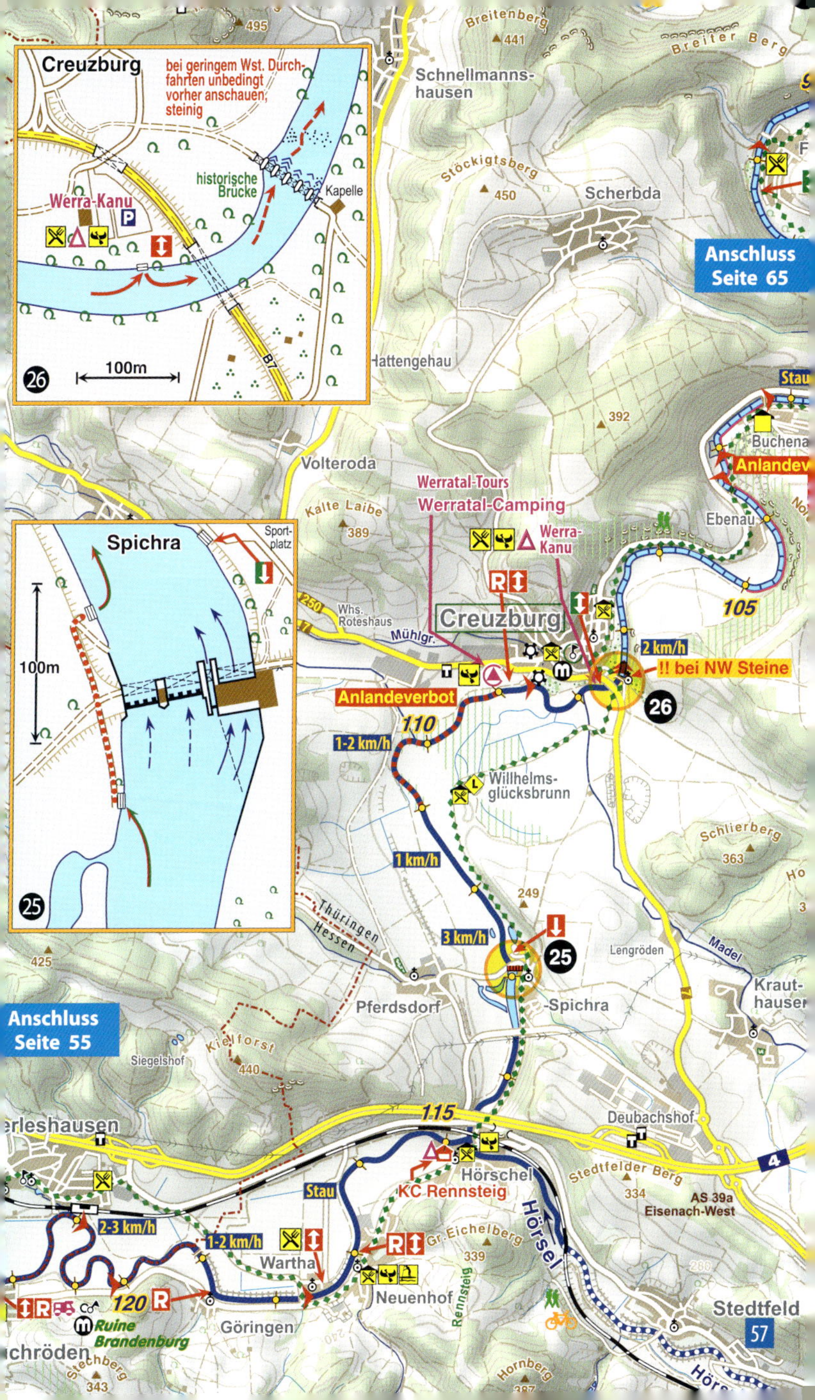

Creuzburg
bei geringem Wst. Durchfahrten unbedingt vorher anschauen, steinig
historische Brücke
Kapelle
Werra-Kanu
100m
26
Spichra
Sportplatz
100m
25
Schnellmanns-hausen
Breitenberg
441
Breiter Berg
Stöckigtsberg
450
Scherbda
Anschluss Seite 65
Hattengehau
392
Buchenau
Anlandev
Volteroda
Kalte Laibe
389
Werratal-Tours
Werratal-Camping
Werra-Kanu
Ebenau
105
Whs. Roteshaus
Mühlgr.
Creuzburg
2 km/h
!! bei NW Steine
Anlandeverbot
110
1-2 km/h
Willhelms-glücksbrunn
Schlierberg
363
1 km/h
249
3 km/h
Thüringen
Hessen
Lengröden
Madel
Kraut-hausen
425
Pferdsdorf
Spichra
Anschluss Seite 55
Siegelshof
Kielforst
440
115
Deubachshof
Herleshausen
Hörschel
KC Rennsteig
Stau
Stedtfelder Berg
334
AS 39a Eisenach-West
2-3 km/h
1-2 km/h
Wartha
Gr. Eichelberg
339
Hörsel
120
Neuenhof
Rennsteig
Ruine Brandenburg
Göringen
Stedtfeld
Schröden
Stechberg
343
Hornberg

km 115

Kanu-Club Rennsteig Hörschel
(036928) 911 03
od. 0163-418 33 23
& 01577-755 35 54

Eine erste Möglichkeit zur Übernachtung in **Hörschel** bietet die *Zeltwiese des Kanu-Clubs Rennsteig* ***(DKV Kanustation)*** am rechten Ufer.

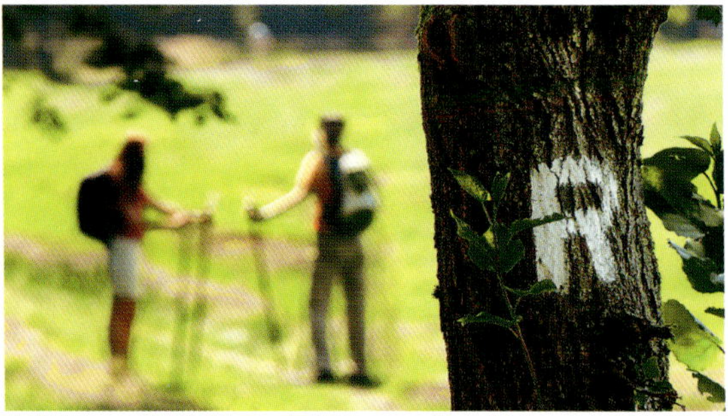

Ein historischer Grenzweg – der Rennsteig

km 114,8

NSG

Gasthaus Tor zum Rennsteig
(hauseig. Kanusteg)
(036928) 906 05
Mo-Fr ab 17, Sa/So ab 12

Pension Tor zum Rennsteig
(036928) 926 99
& 0175-482 43 87

Ein kurzes Stück werraabwärts erreichen wir den ***Bootssteg*** der *Gasthaus & Pension „Tor zum Rennsteig"* *(Di Ruhetag)*, wo bodenständige regionale, gute Thüringer Küche serviert wird.

In **Hörschel** beginnt Deutschlands bekanntester ***Höhenwanderweg – der Rennsteig,*** der auf knapp 170 Kilometer über den Kamm des ***Thüringer Waldes*** bis nach **Blankenstein** an die Landesgrenze zu Bayern führt.

Aber auch kurze Wanderungen in das südlich der Wartburg gelegene *NSG Wartburg-Hohe Sonne,* einem zusammenhängenden Waldgebiet, in dem überwiegend Buchen und Eichen wachsen, mit der sehr reizvollen drei Kilometer langen und engen ***Klamm Drachenschlucht***, sind sehr lohnend.

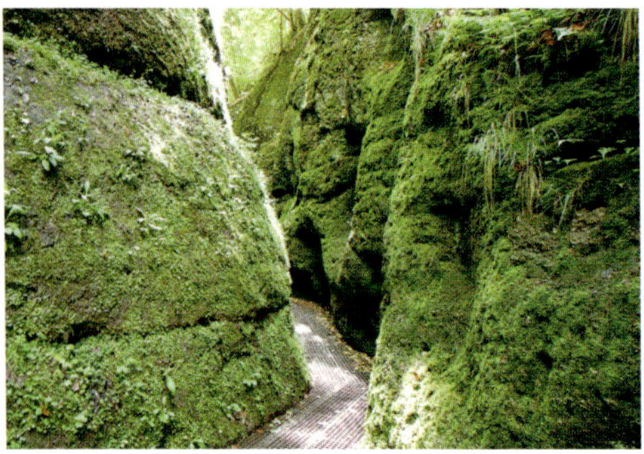

Die sagenumwobene Drachenschlucht südlich von Eisenach

Rund 1,5 Std Fußweg oder 40 Min. mit dem Rad sind es von **Hörschel** nach **Eisenach** *(Stadtrundgang Eisenach* *siehe Seite 60)*, das sich, ebenso wie die nahe ***Wartburg***, zu einem Besuch anbietet.

Vor der hohen Autobahnbrücke der A 4 mündet die ***Hörsel*** in die Werra, die daraufhin merklich an Breite zunimmt.

Das ***Wasserkraftwerk*** in **Spichra** wurde 1923-25 erbaut und ist das größte an der Werra. Das *Wehr* kann kurz am linken Ufer *umtragen* werden. Wem die Böschung am Einstieg zu steil ist, kann über die Brücke laufen und findet einen ***Anleger*** für's Einsetzen beim Sportplatz.

km 113

25 Wehr *li.*

Schon bald hinter Spichra taucht hoch über dem Ufer die ***Burg Creuzburg*** auf.

Eine erste Möglichkeit zur ***Übernachtung*** bietet vier Kilometer hinter dem Wehr am linken Ufer der *Werratal Camping* in **Creuzburg,** betrieben von *Werratal-Tours,* die auch Bike & Boat-Touren anbieten.

km 109

Werratal-Tours
(036926) 724 64
& 0171-142 51 96

Knapp 1,5 Kilometer weiter erreicht man den einfachen *Biwakplatz* von *Werra-Kanu* mit *Bistro* und *Biergarten* vor der Straßenbrücke ebenfalls am linken Ufer.

Der ***Anleger*** eignet sich auch gut als Ausgangspunkt für einen Besuch von Burg und Stadt **Creuzburg,** die zu den ältesten thüringischen Städten zählt. Auf dem Burgberg sind neben der ***Burg*** *(auch Hotel & Restaurant)* mit idyllischem Burghof auch das *Museum* und die Heimatstube einen Besuch wert.

km 107,9

Werra-Kanu
01525-281 79 10

Museum
Burg Creuzburg
Apr-Okt Di-Sa 12-17, So 10-17

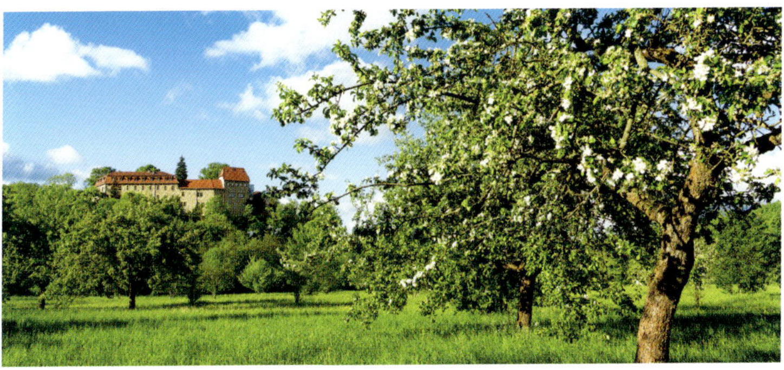

Ein Besuch wert – Burg und Stadt Creuzburg, eine der ältesten thüringischen Städten

Blick auf Eisenach

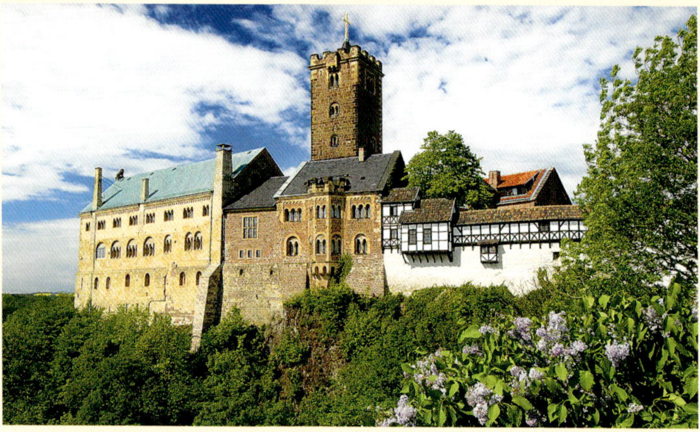

Weltkulturerbe Wartburg: Hier übersetzte Luther in nur elf Wochen das Neue Testament aus dem Griechischen ins Deutsche

Schon vor rund 850 Jahren wurde die Stadt urkundlich erwähnt. Ihre Lage im Schnittpunkt wichtiger Fernhandelsstraßen führte in der 2. Hälfte des 12. Jh. zum Bau einer Stadtmauer, von der mit dem Nikolaitor, dem ältesten Stadttor Thüringens, auch heute noch Reste erhalten sind. Von 1130-1247 war Eisenach mit der Wartburg Sitz des Landgrafen von Thüringen, wurde gar nach Gründung des Herzogtums Sachsen-Eisenach dessen Landeshauptstadt und erlebte in der Folge einen kulturellen und wirtschaftlichen Aufschwung. Drei große Stadtbrände, Kriege und marodierende Truppen ließen die Stadt leiden. Im 2. Weltkrieg war Eisenach mit seinem Flugmotoren- & Automobilwerk Ziel mehrerer Bombenangriffe und die Weigerung zur Kapitulation durch den Kampfkommandanten von Eisenach führte zu weiteren Zerstörungen.

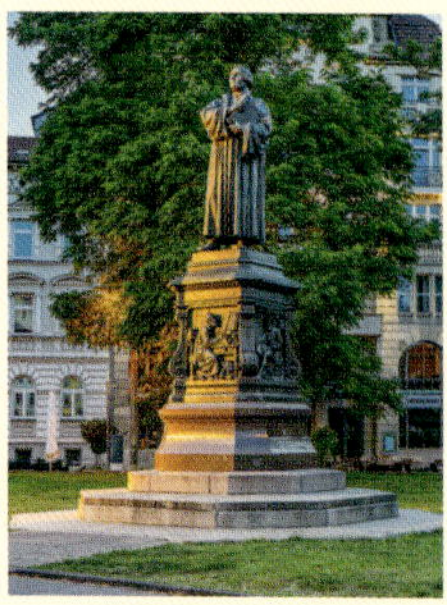

Lutherdenkmal

Trotzdem sind noch immer zahlreiche Zeugnisse des reichen kulturellen Lebens zu bewundern – immerhin sind Namen wie die der Heiligen Elisabeth, des Reformators Martin Luther oder Johann Sebastian Bachs, der hier geboren wurde, mit ihr verbunden. Damit nicht genug: Georg Friedrich Telemann wirkte als Hofkapellmeister, Fritz Reuter hatte hier seinen Altersruhesitz und Goethe weilte mehrfach in der kleinen, symbolträchtigen Stadt.

Tourist-Info Eisenach
Markt 24 (im Stadtschloss), Tel. (03691) 792 30, www.eisenach.info

(1) ***automobile welt eisenach.*** Geschichte des Autobaus in Eisenach.

(2) ***Nikolaikirche & Nikolaitor.*** Dreischiffige romanische Basilika von 1180.

(3) ***Elisabethkirche.*** Neogotisch, teils aus Muschelkalk errichtet. 1888 zu Ehren der Heiligen Elisabeth geweiht.

(4) ***Hellgrevenhof*** (um 1260). Ältestes erhaltenes Bürgerhaus Eisenachs.

(5) ***Stadtschloss.*** Sitz der Tourist-Info und des Thüringer Museums mit Ausstellungen zu Volkskundlichem.

(6) ***Georgenkirche*** (12. Jh.). Heirat der 14-jährigen ungarischen Königstocher Elisabeth und Ludwig IV.. Martin Luther sang hier als Schüler im Chor. Taufkirche von Joh. Sebastian Bach.

(7) ***Predigerkirche.*** Ausstellung sakraler Schnitzplastiken in 700 Jahre alten Mauern.

(8) ***Lutherhaus Eisenach.*** Hat hier einen Teil seiner Schulzeit bei der Familie Cotta verbracht und stellt Luther als Schüler, Reformator und Bibelübersetzer vor.

(9) ***Schmales Haus.*** Mit 205 Zentimetern Breite schmalstes Fachwerkhaus Deutschlands.

(10) ***Bachhaus Eisenach.*** Weltweit größtes Bach-Museum mit über 250 Exponaten.

(11) ***Flächendenkmal Südviertel.*** Größtes zusammenhängendes Villenviertel Deutschlands.

(12) ***Reuter-Villa.*** Wohnräume des niederdeutschen Dichters. Größte Wagner-Sammlung außerhalb Bayreuths.

(13) ***UNESCO-Weltkulturerbe Wartburg.*** Schauplatz des Sängerwettstreits mit Walther von der Vogelweide. Wohnsitz der Heiligen Elisabeth. Martin Luther fand hier Schutz und übersetzte das Neue Testament. 1817 Treffen deutscher Burschenschaften zum Wartburgfest. Inspiration Wagners zur Oper „Tannhäuser".

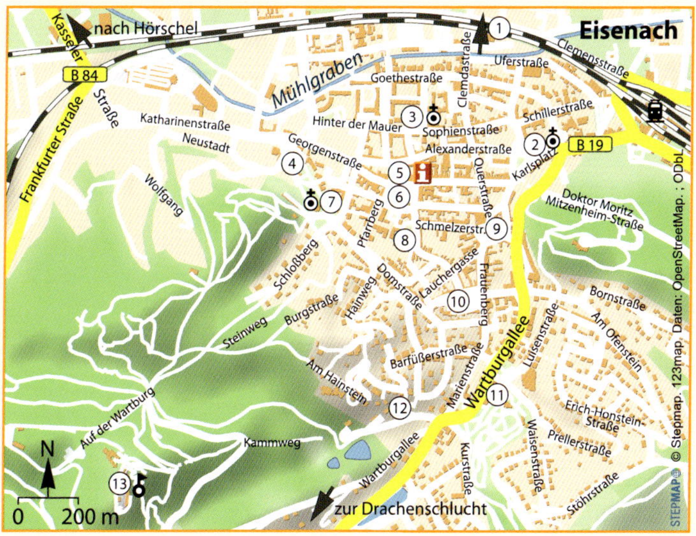

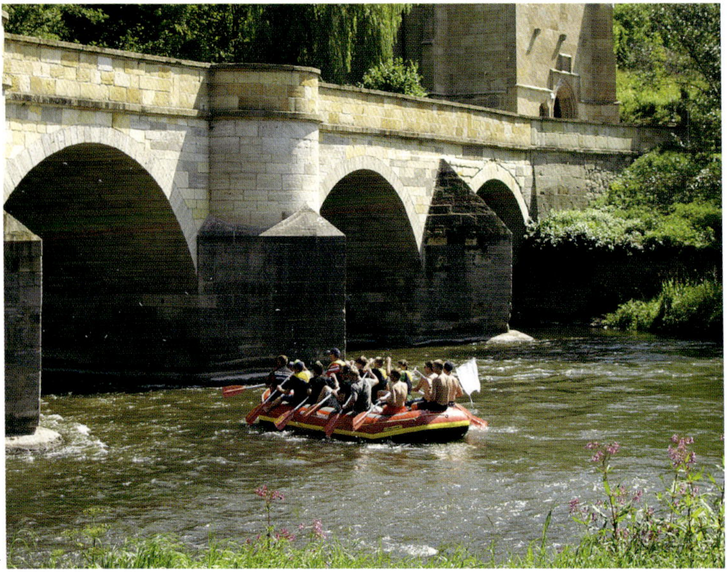

Kurzer „Nervenkitzel" bei der Brückendurchfahrt

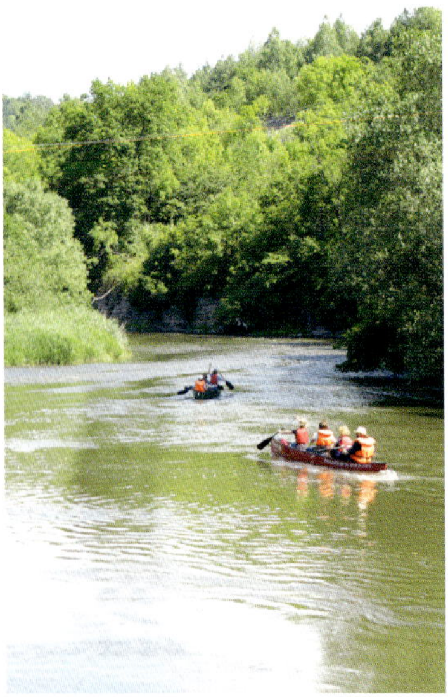

Hinter dem Anleger passieren wir erst zwei Straßenbrücken und kurz darauf die ***historische Steinbogenbrücke.*** *Sie stammt aus dem 13. Jh. und gilt als älteste Steinbrücke Deutschlands nördlich des Mains. Am rechten Ufer ist die* ***Liborius-Kapelle*** *zu finden. Die Brücke selbst verfügt über sieben Brückenbögen* und es ist gar nicht so einfach, sich für die richtige Durchfahrt zu entscheiden, da sich hinter jedem eine hohe Welle bildet.

In **Creuzburg** beginnt einer der schönsten Abschnitte der Werra, die sich hier tief in den Muschelkalk eingegraben hat, und an den Ufern ragen steile ***Kalkfelsen*** in die Höhe.

Besonders imposant sind die *„Ebenauer Köpfe"*, die sich etwa 1 Kilometer hinter **Creuzburg** über das linke Ufer erheben. Eine rund 7,5 Kilometer lange *Wanderung* verläuft von der Werrabrücke linksseitig der Werra nach **Ebenau** und von dort, dem „Gelben Quadrat" folgend, ins ***NSG*** zum ***Aussichtspunkt Ebenauer Köpfe***. Auf dem Rückweg kann man Stadt und Burg erkunden.

NSG

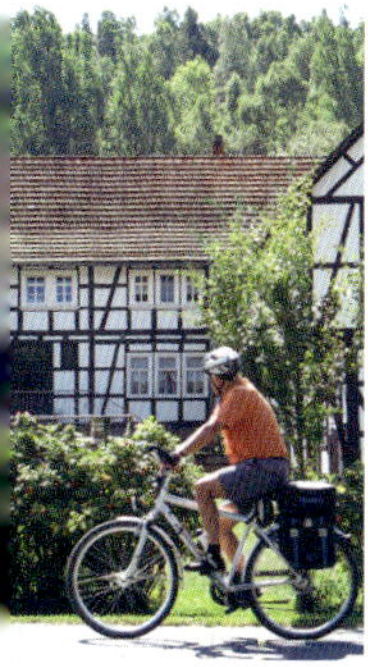

Vorbei an der Ortschaft **Buchenau**, wo eine *Pension* ***im Fachwerkstil*** günstige Zimmer *(ab 2 Nächte)* bietet, gelangen wir nach **Mihla,** wo wir das am rechten Ufer gelegene Gelände der *Wassersportfreunde Mihla* *(Übernachtung im Zelt oder Bootshaus)* passieren.

km 102,5
Pension Gutshof
(036924) 429 07

km 99,5
Wassersportfreunde Mihla
(036924) 421 13

Der Ausstieg für die *Portage* am *Schrägwehr* liegt ein Stückchen weiter hinter der Straßenbrücke rechts beim Sportplatz.

km 98
27 **Wehr** *re.*

Am gegenüberliegenden Ufer, über die Brücke gut zu erreichen, lockte früher das *Rasthaus PaddlerTreff* mit Gaststube samt Kaminzimmer und großem Biergarten direkt am Werraufer. Momentan ist die Gaststätte leider geschlossen. Kanus werden weiterhin vermietet.

Rasthaus PaddlerTreff
(36924) 428 38
Mi-So ab 11

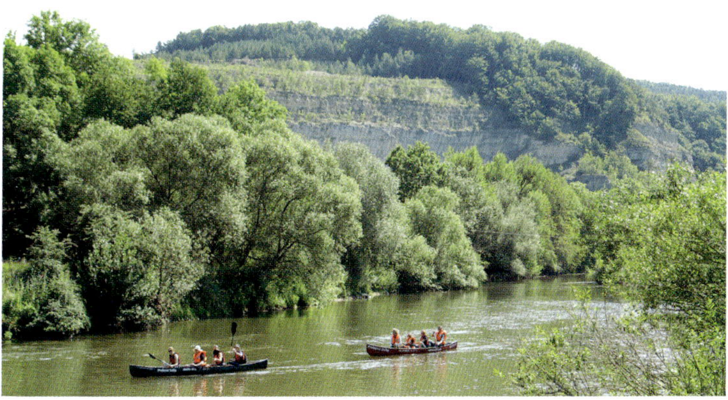

Die schroffen Muschelkalkfelsen des steilen Werraprallhangs prägen das NSG „Ebenauer Köpfe"

Hotel-Restaurant Graues Schloss
(036924) 422 72
tgl. außer Mo ab 11

Gasthof & Hotel Sandgut Mihla
(036924) 425 01
Mo-Do ab 18, Fr ab 19

In unmittelbarer Nachbarschaft zum Wehr erhebt sich das ***Graue Schloss****. Der Renaissancebau der Barone von Harstall erhielt seine jetzige Form um 1536 und beherbergt ein* *Restaurant* mit gutbürgerlicher Küche, Thüringer Spezialitäten und Wildgerichten sowie ein *Hotel* mit mittelalterlichem Ambiente. Auf der gegenüberliegenden Uferseite findet man in ruhiger Lage mit dem *Gasthof & Hotel Sandgut Mihla* eine weitere Übernachtungsmöglichkeit.

Zu weiteren Sehenswürdigkeiten zählen das ***Rote Schloss****, im Hochmittelalter als Fronhof des Mainzer Erzstiftes errichtet, ab dem 16. Jh. zu einem Fachwerkschloss mit feinen Stuckarbeiten umgebaut (heute Seniorenheim). Hoch auf dem Sporn eines Hainichausläufers liegt der* ***Markt*** *mit der* ***Mihlaer Kirche*** *(barockes Kirchenschiff von 1711).*

Mihla ist darüber hinaus Ausgangspunkt für ***Wanderungen in den Nationalpark Hainich***.

Nach der Portage ist am Horizont der über 400 Meter hohe Höhenzug des ***Hainich*** zu sehen, der die Werra in das berühmte ***Werraknie*** zwingt.

Dann wird die Landschaft flacher und sanft gewellte Hügelketten säumen die Ufer.

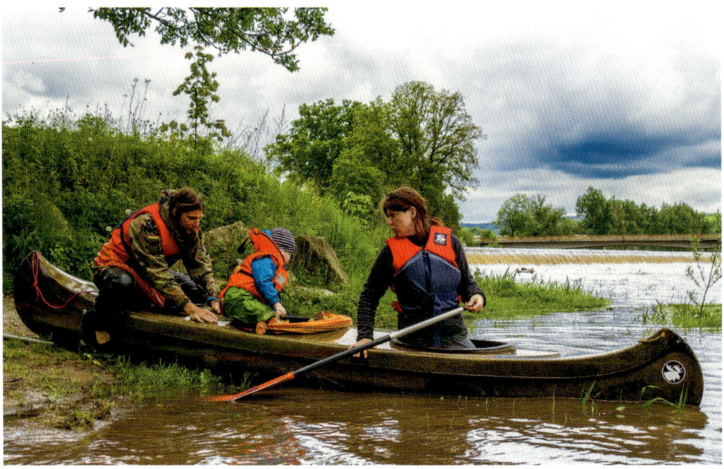

Einstieg nach dem Wehr in Mihla

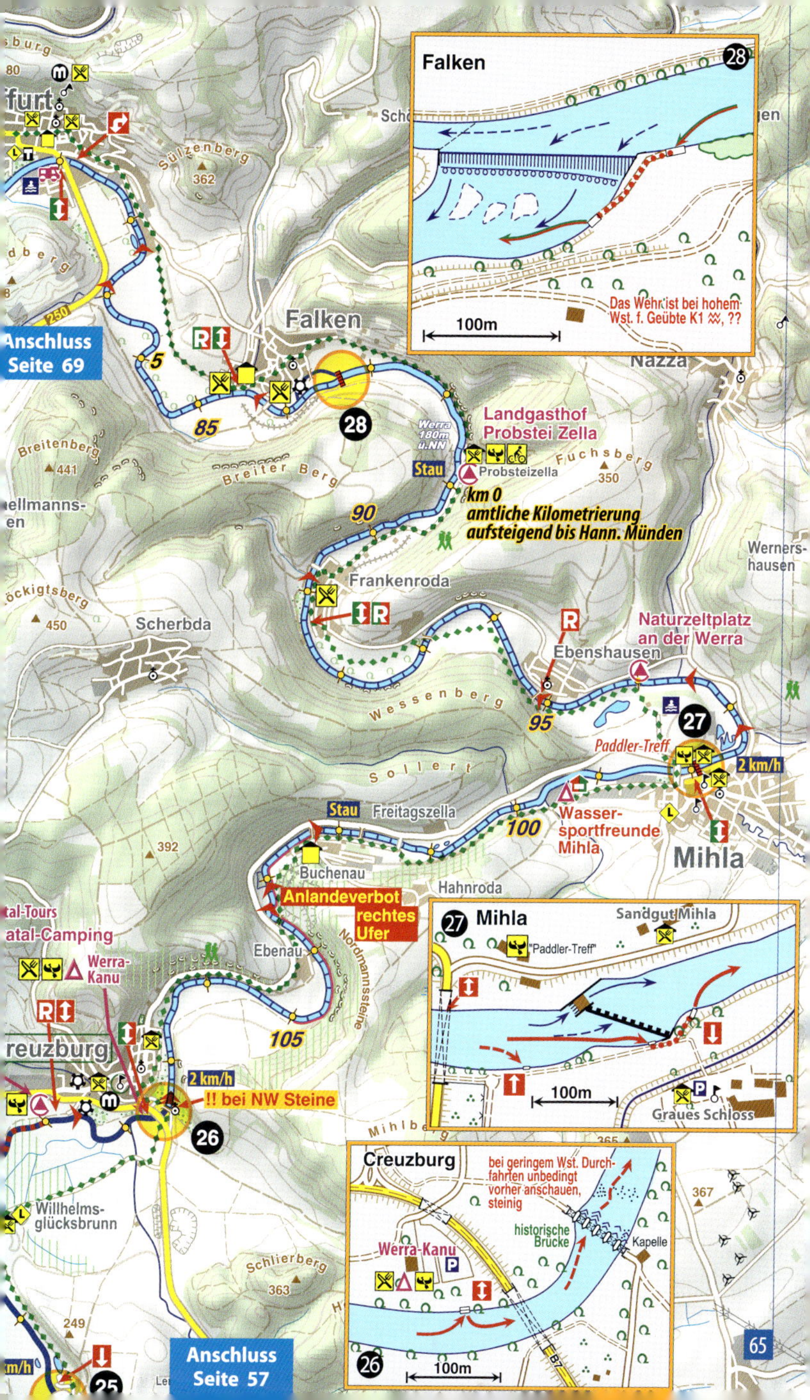
Falken
Das Wehr ist bei hohem Wst. f. Geübte K1
100m
28
Anschluss Seite 69
Sülzenberg
362
Falken
85
5
90
95
100
105
Werra 180m ü.NN
Landgasthof Probstei Zella
Probsteizella
Fuchsberg
350
Stau
km 0
amtliche Kilometrierung aufsteigend bis Hann. Münden
Breitenberg
441
Breiter Berg
Frankenroda
Scherbda
450
Ebenshausen
Naturzeltplatz an der Werra
Wessenberg
27
Paddler-Treff
2 km/h
Sollert
Freitagszella
Wasser-sportfreunde Mihla
Mihla
Werners-hausen
Nazza
392
Buchenau
Hahnroda
Anlandeverbot rechtes Ufer
Ebenau
Nordmannssteine
Werra-Kanu
26
!! bei NW Steine
Wilhelms-glücksbrunn
Schlierberg
363
249
25
Mihla
Sandgut Mihla
"Paddler-Treff"
Graues Schloss
Creuzburg
bei geringem Wst. Durchfahrten unbedingt vorher anschauen, steinig
historische Brücke
Kapelle
Werra-Kanu
B7
367
Anschluss Seite 57

Nationalpark Hainich

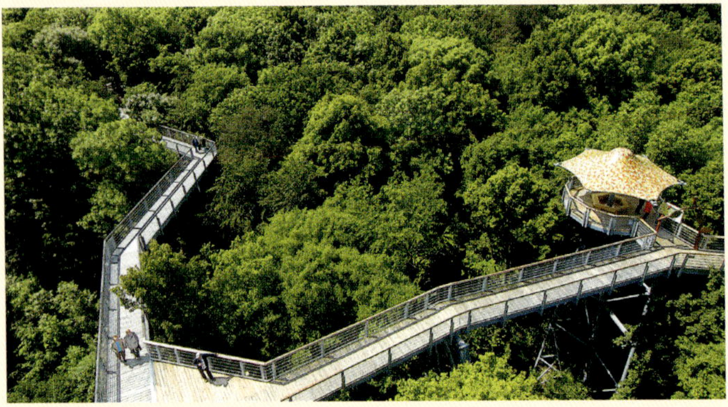

Urlaub im Werratal lässt sich trefflich mit einer Wanderung im Hainich verbinden

Der Hainich ist das größte zusammenhängende Laubwaldgebiet Deutschlands und eine der ältesten Waldlandschaften Mitteleuropas. Altehrwürdige Buchen erheben sich neben knorrigen Eichen. Wo ein abgestorbener Baum eine Lücke im Blätterdach hinterlassen hat, kann der Nachwuchs groß werden. Das Totholz am Boden wird von Moosen, Flechten und Pilzen überwuchert und ist wichtiger Lebensraum für seltene Insekten. Neben Reh, Dachs und Wildschwein kommen hier sogar der Baummarder und die Wildkatze vor.
Die Möglichkeit dem Wald „auf's Dach zu steigen" bietet ein Baumkronenpfad, der auf einer Länge von über 500 Metern bis zu einer Aussichtsplattform in 44 Meter Höhe führt. So lässt er sich aus völlig neuer Perspektive erleben, der Ausblick über Hainich und Thüringer Becken ist einmalig.
Wer den Wald dagegen auf einer Mehrtageswanderung intensiver kennenlernen möchte, erhält dazu auf dem 130 km langen Hainichlandweg durch den Nationalpark Hainich und den Naturpark Eichsfeld-Hainich-Werratal Gelegenheit.
Info: www.nationalpark-hainich.de

km 96

Naturcamping Ebenshausen
0174-401 47 10

R ↕

In **Ebenshausen** erwartet uns bald nach Passieren des *Campingplatzes* das ***„Das Blaue Wunder"*** – sehenswerte, an Stahltrossen aufgehängte Fußgängerbrücke.

Den ***Anleger*** finden wir am rechten Ufer hinter der Brücke wo am Park einige ***Sitzmöglichkeiten*** zur ***Rast*** einladen.

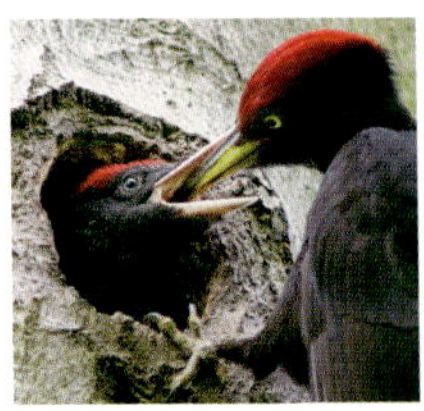

Der Schwarzspecht nistet in starken Bäumen

Frankenroda hat eine hübsch herausgeputzte ***Uferpromenade*** mit ***mittelalterlichem Fachwerk.*** Den ***Rastplatz*** mit überdachter Sitzgelegenheit finden wir am ***Bootsanleger*** am rechten Ufer.

km 91,3

Café Gisela
(036924) 420 79

km 89 (km 0) – Beginn der amtlichen Kilometrierung, aufsteigend bis Hann. Münden

An der Straßenbrücke kehren wir Frankenroda den Rücken und in der nächsten größeren Flussbiegung lädt am rechten Ufer der *Landgasthof Probstei Zella* (*auch Camping, Rad-, Kanu- & SUP-Vermiet.*) zu einem Landgang ein.

Nachdem das Zelt auf der Wiese direkt am Ufer steht, zieht es die Kinder in den kleinen Streichelzoo und die Erwachsenen in den ***Biergarten***, wo traditionelle Thüringer Küche auf der Speisekarte stehen. Ein paar Schritte auf dem ***Uferweg*** in nördliche Richtung liegt an den ***Falkener Klippen*** die ***Bauernkanzel***, *ein Felsvorsprung, von dem Thomas Müntzer, ein Anhänger Luthers, im Bauernkrieg zu den Falkener Bauern gesprochen haben soll.*

km 88,9 (0,1)

Landgasthof Probstei Zella
(036924) 419 76

Der Landgasthof ist Ausgangspunkt zahlreicher *Wanderungen* im *Naturpark Eichsfeld-Hainich Werratal* zwischen Treffurt und Creuzburg entlang der Werra und durch Wälder mit herrlichen Buchenbeständen.

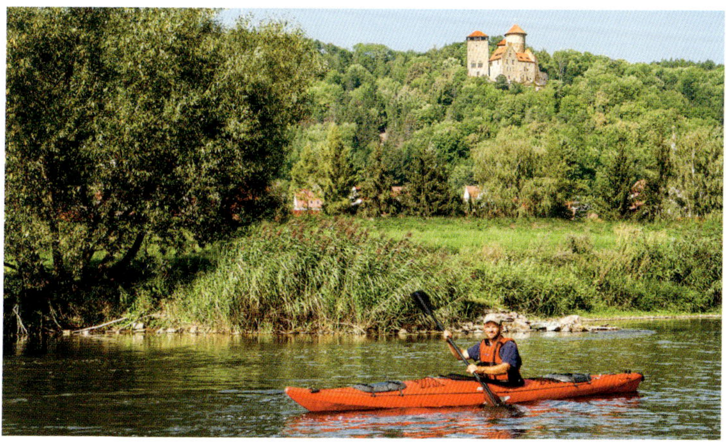

Bei Treffurt wacht Burg Normannstein über das Werratal

(2,3) km 86,7
Wehr li. 28

Nur wenige hundert Meter weiter ist das *Wehr am Kraftwerk Falken* am linken Ufer schnell *umtragen*.

(3,5) km 85,5

Veronikas Pension
(036923) 803 56

Gaststätte Goldene Aue
(036923) 511 04
Fr-So ab 11.30

Den ***Anleger*** für den **Treffurter** Ortsteil **Falken** mit ***Bäcker*** und ***Eisdiele*** finden wir gut 1 Kilometer weiter hinter der Straßenbrücke am rechten Ufer. Unweit von hier liegt die sehr empfehlenswerte ***Veronikas Pension,*** wo wahlweise im Bett oder Zelt übernachtet werden kann. *Sehenswert ist die **St. Martini-Kirche** (15. Jh.) mit dreiflügeligem Schnitzaltar, dem um 1420 datierten kostbaren Tafelbild des Malers Conrad von Soes und das Heimatmuseum im Turm.*

Im weiteren Verlauf kündigt die hoch über dem Ufer wachende, wuchtige ***Burg Normannstein*** das nächste Etappenziel **Treffurt** an.

(8) km 81

Hotel 1601
(150 m vom Wasser)
(036923) 82 01 55

Der ***Anleger*** für den Stadtbesuch ist hinter der Brücke links unterhalb des ***WOMO-Stellplatzes*** zu finden. Bei schlechtem Wetter bietet ein überdachter Pavillon Schutz. Am rechten Ufer findet man 150 vom Wasser entfernt in der Altstadt das 2020 liebevoll restaurierte Inklusionshotel ***Hotel 1601.*** *Etwa 250 Fachwerkhäuser im hessisch-thüringischen Baustil prägen den historischen Stadtkern rund um die spätromanische Stadtkirche St. Bonifatius. Besonders schön – das Fachwerkrathaus (16. Jh.) am Marktplatz mit vielen kunstvollen Schnitzereien.*

Burg Normannstein
0175-174 82 68
So 11-17, Gaststätte: Mi-So 11.30-21

*Lohnend ist ein Besuch (Aufstieg etwa 20 Minuten) der **Burg Normannstein.** Die ursprüngliche Warte zur Kontrolle der Werrafurt aus dem 9. Jh. wurde um 1200 mit den beiden Türmen zur Burg umgebaut und später um Vorburg und Ringmauer erweitert. Im ausklingenden Mittelalter verkam die Burg zum Steinbruch und erwachte erst im 20. Jh. wieder zu neuem Leben als in der Kapelle eine damals beliebte Gaststätte eingerichtet wurde. Durch die kurze Entfernung zur innerdeutschen Grenze war für den Besuch allerdings eine Sondergenehmigung erforderlich und die Gaststätte musste 1971 schließen.*
Der Dornröschenschlaf währte bis zur deutschen Wiedervereinigung und nach umfassender Sanierung öffnete 2006 im großen Viereckturm ein Museum mit der Ausstellung „Werraburgen über Werrafurten" und seit 2008 gibt es auch wieder ein Restaurant.

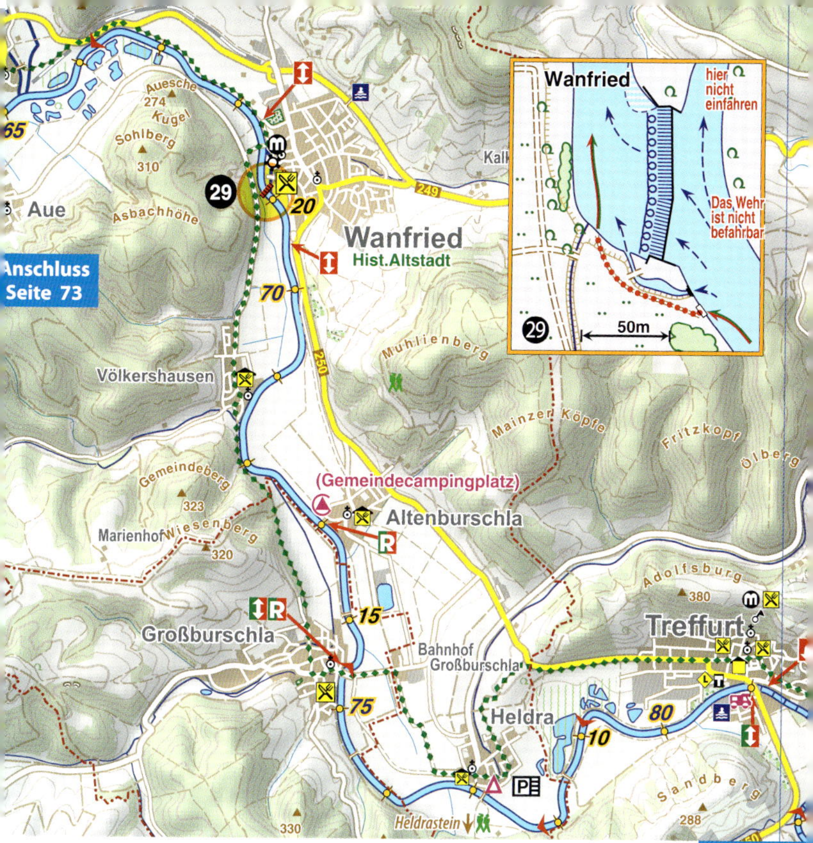

Anschluss Seite 65

Zurück im Boot bleiben die Ufer jetzt recht flach. In der Ferne erheben sich bewaldete Kuppen und links ist der ***Aussichtsturm*** auf dem ***Heldrastein*** zu sehen – mit einer Höhe von über 500 Meter gilt dieser weiße, zerklüftete Kalksteinfelsen als „König des Werratals".

Hinter einer weiten Rechtskurve treten die Berge wieder näher ans Ufer.

An der nächsten Brücke ist am rechten Ufer **Heldra** erreicht, mit einer kostenpflichtigen *Zeltmöglichkeit (Biwakplatz)* auf der Uferwiese neben dem Bolzplatz. Sogar eine Sanitäranlage *(WC, Dusche)* ist vorhanden.

Im Gutshof aus dem 17. Jh. in der Ortsmitte befindet sich die sehr idyllische *Herberge im Kleegarten* mit Biergarten, wo im Strohsacklager, im Zigeunerwagen oder

km 77,1 (11,9)

Biwakplatz
Tel-Nr. vor Ort

Herberge im Kleegarten
(05655) 92 34 44
Fr+Sa 14-22,
So 11.30-19

in historischen Zimmern geschlafen werden kann. Die Küche offeriert frische regionale Gerichte.

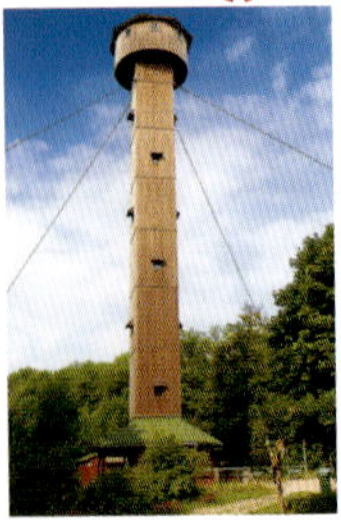

Südlich der Werrabrücke beginnt der mit einem gelben Kreis markierte und als Premiumwanderweg klassifizierte, 12 Kilometer lange ***Rundweg*** auf den 503 Meter hohen ***Heldrastein***.

Auf dem Gipfel des weiß zerklüfteten Kalksteinfelsens erhebt sich der 30 Meter hohe ***„Turm der Einheit"***, mit einem tollen Ausblick über Werratal, Harz, Rhön und Thüringer Wald. Wer Natur mit allen Sinnen erleben möchte, findet dazu Gelegenheit auf einem ***Erlebnispfad*** mit Baumtelefon, Summstein, Duft- und Geräuschstationen.

km 74,6 (km 14,4)

Heimatmuseum
(036923) 882 68 & 882 64
nach Vereinbarung

An der folgenden Brücke liegt das thüringische Dorf **Großburschla** wie eine Insel fast vollständig von Hessen umgeben am linken Ufer. Hinter der Brücke führen Treppenstufen zu einem ***Rastplatz***. *Sehenswert im Ort sind neben den von ihren Besitzern liebevoll gepflegten Fachwerkhäusern die **St. Bonifatius Kirche** aus dem 10. Jh. mit teils erhaltener Seitenwand des romanischen Mittelschiffs und das Stiftsgebäude mit dem kleinen **Museum im Schuhmacherhaus** zur Dokumentation der Ortsgeschichte.*

km 73 (km 16)

Campingplatz
+31 6 265 848 22

Landhotel Gemeindeschänke
(05655) 923 40
Mo, Di, Fr, Sa ab 17.30, So 11.30 - 14 + 17-20

Die nächsten hübschen Fachwerkhäuser gehören zum ehemaligen Grenzort **Altenburschla** und vor dem kleinen, aber feinen ***Campingplatz*** finden wir am rechten Ufer einen ***Schwimmsteg*** für den komfortablen Ausstieg mit überdachten Sitzgelegenheiten.

Wenige Schritte entfernt lockt auf dem Dorfanger – ein schöner Lindenplatz und eine alte Gerichts- und Thingstätte – das ***Landhotel Gemeindeschänke,*** mit süßen Köstlichkeiten wie Mohnschmandkuchen. Natürlich steht auch Deftiges auf der Karte, wie sämig gekochte Hessische Kartoffelsuppe mit gebratenen Blutwurstscheiben oder Wanfrieder Bio-Weidelamm von der Hüteschäferei Timmerberg. Wen wunderts da, dass sie auch im Genussführer von Slow Food stehen!

Lohnend ist die 9,5 Kilometer lange ***Wanderung*** auf dem ***Premiumwanderweg „P12"*** auf die ***Mainzer Köpfe*** direkt oberhalb von **Altenburschla.** Die Höhenzüge bieten herrliche Ausblicke ins hessisch-thüringische Werratal.

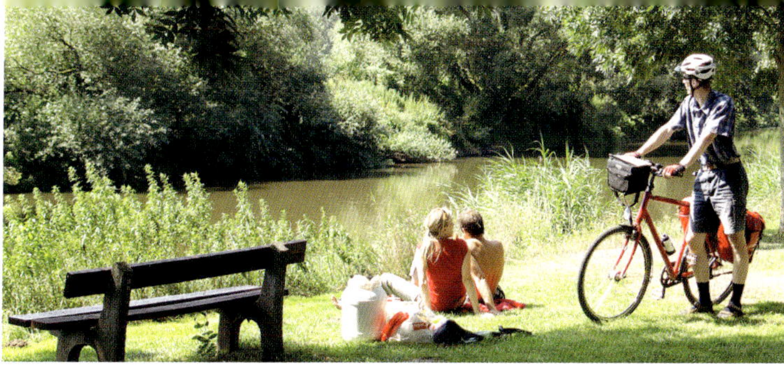

Altenburschla ist nicht nur wunderschön, sondern hat auch einen hohen Freizeitwert

Den Anleger von **Völkershausen** finden wir am linken Ufer. Von hier sind es nur wenige Schritte vorbei am alten Gutshof zur *„Die Schenke"* *(einfache, günstige Zimmer)*, wo ein lauschiger Biergarten zum Verweilen einlädt.

km 72,4 (17,6)

Die Schenke
(05655) 92 34 41
Di-So ab 12

Zurück im Boot macht sich der Stau vor dem nächsten *Wehr* in **Wanfried** bemerkbar. Dieses muss kurz am linken Ufer *umtragen* werden.

km 68,9 (20,1)

29 Wehr *li.*

Wenige Paddelschläge weiter spiegeln sich die eindrucksvollen ***Fachwerk-Lagerhäuser*** am rechten Ufer im Wasser. Davor liegen die ***Schute „Brombeerchen"*** und an der Hafenkante vertäut die ***Werraschute „Wisera"***. Der schmucke Ort **Wanfried** *kündet noch heute von seinem einst regen Geschäftsleben, als er bis 1850 wichtiger Umschlagsplatz am Endpunkt der Weser-Werra-Schifffahrt für den Frachtverkehr bis Italien war.*

km 68,3 (km 20,7)

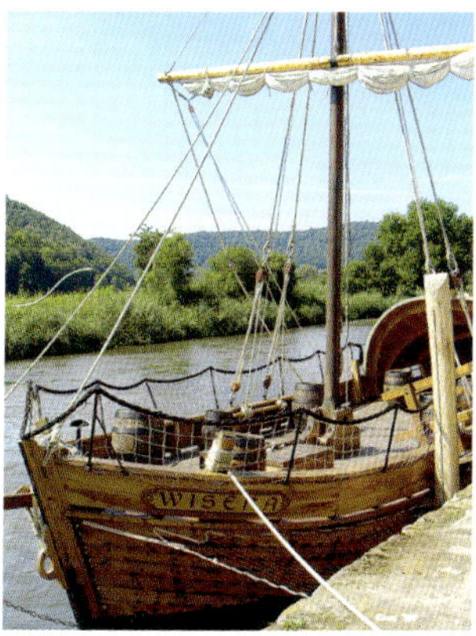

Im Hafen von Wanfried

Den ***Ein- und Ausstieg*** mit überdachten Sitzmöglichkeiten finden wir am rechten Ufer hinter der Brücke.

Hinter Wanfried weitet sich das Tal. Die Bergkuppen treten etwas hinter die Ufer zurück und voraus weist uns die Hügelkuppe des ***Leuchtbergs*** mit dem ***Bismarckturm*** den Weg nach **Eschwege.**

(26,5) km 62,5

Werratalsee Naturcamp Meinhard
0160-430 98 97

„Pavillon"
(05651) 333 55 28
Mi Ruhetag

Vor der Stadt bietet ein ***Anleger*** am rechten Ufer die Möglichkeit, die Boote kurz zum ***Werratalsee*** zu tragen. Dort liegt, einfach nur dem Ostufer folgend, rechts das *Werratalsee Naturcamp* mit großer ***Zeltwiese*** samt ***Feuerstellen und Indianertipi.*** Für „verwöhnte" Paddler gibt es eine für 4 Personen ausgestattete Blockhütte. Abends sind manchmal auch Musiker und Bands zu Gast, so dass Paddler unverhofft in den Genuss eines Life-Konzerts kommen können. Das China-Restaurant *„Pavillon"* findet sich 500 Meter entfernt in **Schwebda.**

(27,8) km 61,1

Felsenkeller
0173-802 80 26
Mo, Mi-Sa ab 16, So ab 12, Di geschl.

Erster Vorposten von **Eschwege** ist dann das Steakhouse & Biergarten *Felsenkeller* am Fuße des Leuchtbergs. Einen richtigen Bootsanleger gibt es hier aber nicht.

Campingpark Eschwege
(05651) 33 88 83

Einen ***Anleger*** finden wir 200 Meter weiter rechtsufrig vor der *Leuchtbergbrücke*, die Fußgänger über die Werra zum ***Werratalsee*** bringt, der, wie zahlreiche Segelbootmasten deutlich machen, ein beliebtes ***Wassersportgebiet*** ist. Von hier erreicht man auch den komfortablen *Knaus Campingpark Eschwege* am Werratalsee.

Werra-Kanu
01525-281 79 10

Wer es etwas einfacher mag, steuert die Bootsspitze hinter der Leuchtbergbrücke ans linke Ufer, wo *Werra-Kanu* einen einfachen *Biwakplatz* *(Dusche & WC)* unterhält. Es darf auch ein Lagerfeuer gemacht werden.

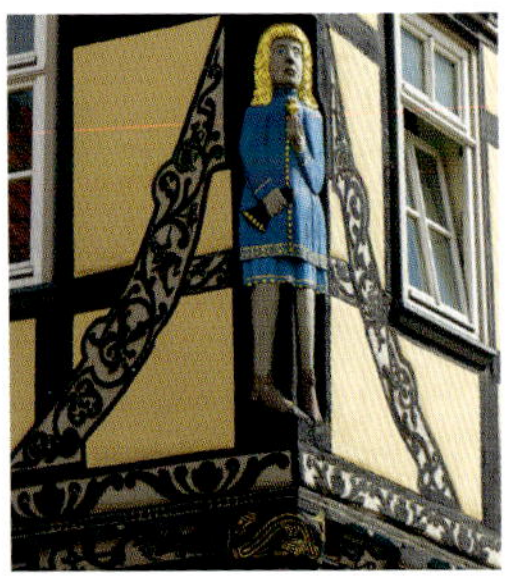

In der Altstadt von Eschwege warten über 1.000 Fachwerkhäuser

(28,5) km 60,5

Eschweger Kanuclub
(05651) 139 18
0170-163 90 63

Gegenüber vom ersten nach rechts abzweigenden Wehr bietet die *Zeltwiese des Eschweger KC* eine weitere Möglichkeiten zur Übernachtung im eigenen Zelt direkt am Werraufer.

(28,7) km 60,3

Jugendherberge
(05651) 600 99

Wer lieber in der *Jugendherberge* übernachten möchte, macht noch ein Stückchen weiter beim ***Minigolfplatz*** fest.

km 60 (km 29)

Nun spiegeln sich die Häuser der **Eschweger** Innenstadt im Wasser und eine gute Gelegenheit zu einem Stadtrundgang bietet der ***Anleger*** hinter der Fußgängerbrücke

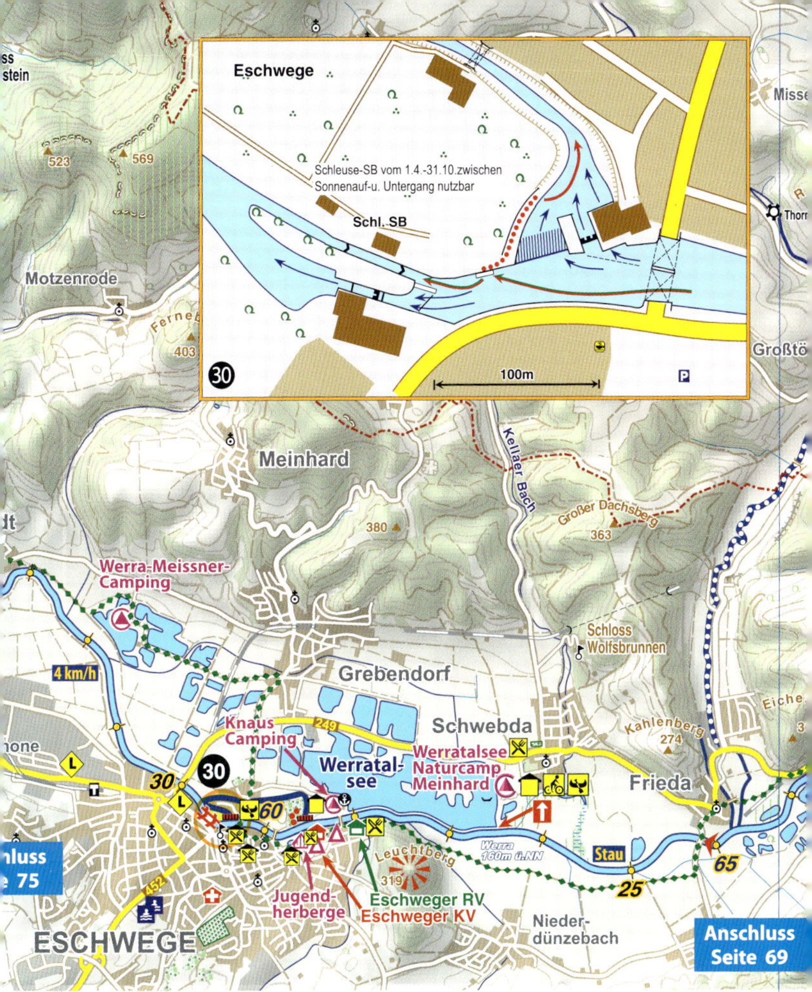

am rechten Ufer beim Festplatz. Wer ein *Hotelbett* für die Nacht sucht, schiebt sein Boot zur 350 Meter entfernten *„Stadthalle"* und findet dort auch eine Abstellmöglichkeit. Vom **Anleger** *ist es nur ein Katzensprung ins Zentrum der schönen* ***Altstadt*** *mit mittelalterlichem Stadtkern samt alten Türmen wie dem* ***Dünzebacher Torturm*** *(1531) als Rest der einstigen Stadtbefestigung, einem* ***Landgrafenschloss*** *aus dem 16. Jh. im Renaissancestil sowie über 1000 Fachwerkhäusern und mit vielen Cafés und Restaurants.*

Hotel Stadthalle
(350 m)
(05651) 95 12 10

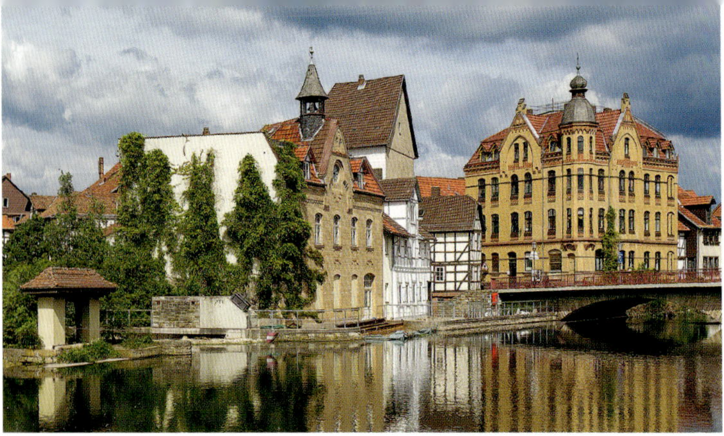

„Klein Venedig" an der Schleuse in Eschwege

Stadtmuseum Eschwege, Zinnfigurenkabinett
(05651) 33 19 86
Apr-Okt Di/Mi,Sa,So 14-17

Eisenbahnmuseum
(05651) 213 01
Vorübergehend geschlossen

Trachten aus dem Werraland, eine historische Apotheke, ein altes Fotoatelier und Werkstätten aus früheren Zeiten präsentiert das Eschweger Stadtmuseum. 5.000 Jahre Weltgeschichte im Kleinen lebendig werden, lässt dagegen das Zinnfigurenkabinett.

Wer sich stattdessen oder nach dem Museumsbesuch die Beine vertreten will, der kann den ***Leuchtberg mit dem Bismarkturm*** erklimmen oder sich auf einem der fünf Parcours im ***Naturhochseilgarten*** im Klettern probieren.

km 59,6 (km 29,4)

Wehr *re.* 30

Hinter der folgenden Straßenbrücke fahren wir oberhalb des nach rechts abzweigenden Wehres entlang. Geradeaus liegt die *Selbstbedienungsschleuse,* alternativ kann man auch rechts hinter dem *Wehr* anlegen und dieses kurz *umtragen* (Bootswagen vorhanden).

Nach 400 Meter treffen die beiden Wehrarme und der Schleusen-Kanal wieder zusammen und kurz darauf lassen wir **Eschwege** hinter uns.

km 55 (km 34)

FeWo Schloß Jestädt
(030) 312 37 56 od.
0160-98 47 54 69

An der nächsten Straßenbrücke ist rechts **Jestädt** erreicht. *Das **Schloss** wurde Mitte des 16. Jh. auf den Mauern der Talburg erbaut. Nach Plünderungen während des Dreißigjährigen Krieges wurde es dann 1637 renoviert und fiel 1794 an die Herren von Eschwege.* Heute präsentiert es sich als *Feriendomizil* (ab 2 Tage) für Gruppen, Familien mit Kindern und sportlich Aktive, die die Umgebung mit dem Rad, zu Fuß oder dem Kanu erkunden wollen.

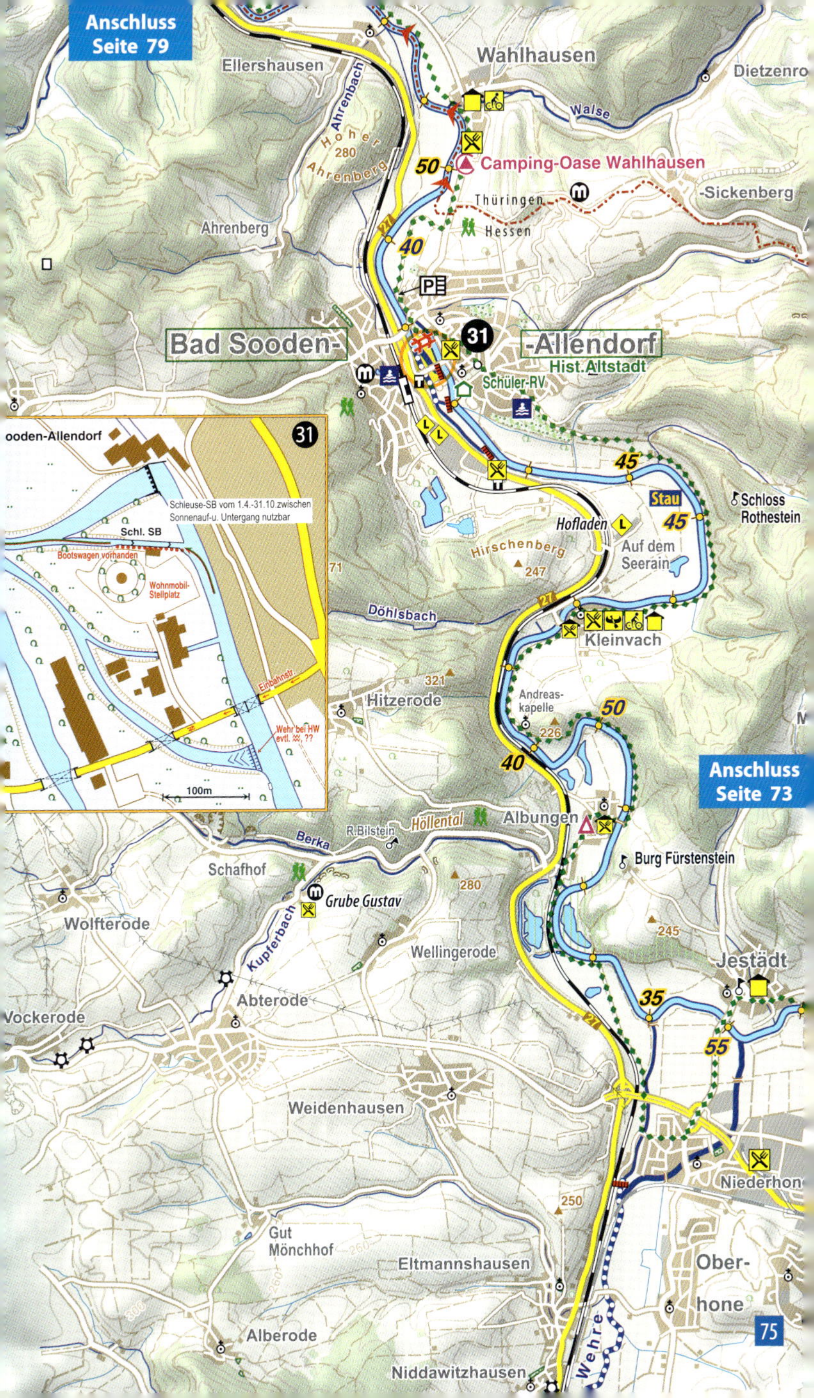
Anschluss Seite 79
Ellershausen
Wahlhausen
Dietzenro
Ahrenbach
Hoher Ahrenberg
280
Walse
Camping-Oase Wahlhausen
50
Thüringen
Hessen
-Sickenberg
Ahrenberg
27
40
Bad Sooden-
-Allendorf
31
Hist. Altstadt
Schüler-RV
ooden-Allendorf
Schleuse-SB vom 1.4.-31.10.zwischen Sonnenauf-u. Untergang nutzbar
Schl. SB
Bootswagen vorhanden
Wohnmobil-Stellplatz
Einbahnstr.
Wehr bei HW evtl. ?
100m
45
Stau
Schloss Rothestein
Hofladen
Auf dem Seerain
Hirschenberg
247
Döhlsbach
Kleinvach
321
Hitzerode
Andreas-kapelle
226
Anschluss Seite 73
Albungen
R.Bilstein
Höllental
Berka
Burg Fürstenstein
Schafhof
Grube Gustav
280
Kupferbach
Wolfterode
Wellingerode
245
Jestädt
Abterode
35
Vockerode
55
Weidenhausen
Niederhone
250
Gut Mönchhof
Eltmannshausen
Ober-hone
Alberode
Wehre
Niddawitzhausen

km 51,5 (km 37,5)

Werraside Inn
(05652) 587 55 75
0160-927 673 32

Hoch über dem rechten Ufer kündigt ***Burg Fürstenstein*** (Privatbesitz), eine Höhenburg aus dem 13. Jh., **Albungen** an. Der eigentliche Ort liegt ein Stück flussabwärts am linken Ufer und vor der Straßenbrücke finden wir das Bed and Breakfast *„Werraside Inn"*. Im Pub gibt es sowohl deutsche wie auch typisch britische Snacks und Getränke und wer möchte, findet auch preiswerte *Zimmer* oder kann im Garten direkt am Ufer sein *Zelt* aufschlagen.

Besucherbergwerk Grube Gustav
(05657) 75 00
15. Mär-31.Okt
Mi-So 13-16

Reizvoll ist eine insgesamt 10 Kilometer lange *Wanderung* von hier durch das ***Höllental (Berkatal)*** zum *Besucherbergwerk „Grube Gustav"* bei **Abterode.**

Es dokumentiert die 500-jährige Geschichte des Bergbaus im Meißnervorland. Begleitet vom ***Fluss Berka*** *geht es unterhalb von* ***Burg Bilstein*** *durch eine pflanzenreiche und bergige Landschaft mit teils engen Schluchten und steilen Felsen. Einkehr im Gasthaus „Höllental".*

km 47,1 (km 39,9)

Die Werra holt zu einer langgezogenen Rechtskurve aus und unterhalb der 522 Meter hohen ***Hornekuppe***, auf der die gelbe Fassade des neogotischen ***Schlosses Rothestein*** leuchtet, liegt **Kleinvach** *mit einem ehemaligen Rittergut aus dem 16. Jh., in dessen über 400 Jahre altem Gutshaus* sich heute Ferienwohnungen befinden.

Werratal-Kanu
(05652) 29 42
0173-856 46 95

Kanu- und Radlerrast
(05652) 912 10

Gasthaus Zur Linde
(05652) 28 75
Di, Mi, Fr 17.30-21
Sa, So 11.30-14,17-21
Mo, Do Ruhetag

Den ***Anleger*** finden wir in Form eines Schwimmsteges am rechten Ufer kurz hinter der Brücke. Hier hat der im Ort ansässige Vermieter *Werratal-Kanu* seine Einsetzstelle.

Direkt nebenan kümmert sich die *„Kanu- und Radlerrast" mit Fahrradvermietung* um ihre Gäste und bietet außerdem die Möglichkeit zur *Übernachtung in gemütlichen Zimmern*.

Eine Alternative ist ein paar Schritte weiter das *Gasthaus „Zur Linde"* mit Hessischer Küche und eigener Hausschlachtung.

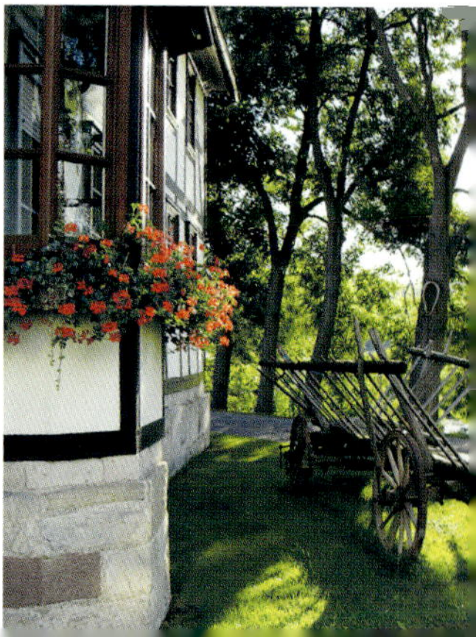

Zu Füßen von ***Schloss Rothestein*** macht die Werra eine große Schleife. Hier bietet links, 300 Meter vom Wasser entfernt der *Hofladen* des *Landcafé Klenke* (z.Zt. geschlossen) regionale Spezialitäten direkt vom Erzeuger.

Hofladen des Landcafé Klenke
(05652) 28 63
Mo-Sa 9-18

Bald haben wir die ersten Häuser von **Bad Sooden-Allendorf** erreicht. Erste Vorposten sind die ***drei über Wehre nach links abzweigenden Flussarme***, die wir allesamt links liegen lassen. Wir folgen dem Hauptlauf unter der Steinbogenbrücke hindurch, vorbei an der Terrasse eines ***Biergarten***s und schönen ***Fachwerkhäusern***.

km 41,3 (km 47,7)

31 Schleuse SB

Etwa 200 Meter hinter der Brücke biegen wir links zur *SB-Schleuse* von **Bad Sooden-Allendorf** ab. Direkt an der Schleuse liegt der ***Wohnmobilstellplatz „Franzrasen“*** auf einer Werrainsel, über die wir auch in die Stadt gelangen.

Das westlich der Werra gelegene **Bad Sooden** *hat sich von einem wohlhabenden Salinen-Ort im Mittelalter zu einem beliebten Sole-Heilbad entwickelt, mit weitläufigem Kurpark, Gradierwerk und WerratalTherme. Sehenswert sind das Salzmuseum im Söder Tor, das an die knapp 1000-jährige Salzgeschichte der Stadt erinnert. Dem „weißen Gold“ verdankt die Stadt auch die große Zahl der hübschen Fachwerkhäuser.* Die Bett & Bike *Pension* des *Café Feldmann* ist auch auf Kanufahrer eingestellt.

WerratalTherme
(05652) 95 87 70
tgl. 10-20/22

Salzmuseum
(05652) 25 56
Sa+So 14-17
Apr-Okt auch Mi

Café Feldmann & Pension
(05652) 91 78 78

Direkt im Bad Soodener Ortzentrum startet der 15 km lange ***Premiumwanderweg P7*** durch den ***Söder Wald.*** Aber auch weitere ***Rundwege,*** markiert mit den Nummern 1-16, führen rund um **Allendorf** und **Bad Sooden** und machen den Ort zu einem weiteren Wandereldorado.

Östlich der Werra erstreckt sich der Stadtteil **Allendorf** mit viel schönem Fachwerk.

Wieder auf dem Fluss treffen vor der Straßenbrücke am nördlichen Stadtrand die einzelnen Wehrarme wieder zusammen und die gute Strömung trägt uns aus dem Stadtgebiet.

km 38,8 (50,2)

Der *Campingplatz Oase* mit angeschlossener Gaststätte empfängt uns in **Wahlhausen.** Er ist idealer Ausgangspunkt zu einer ***Wanderung*** ins 6 km entfernte *Grenzmuseum Schifflersgrund* in **Asbach-Sickenberg.** *Es vermittelt einen Eindruck vom damaligen Leben beiderseits der bis 1989 hier entlangführenden innerdeutschen Grenze.*

Camping Oase
(036087) 986 71

Grenzmuseum Schifflersgrund
(036087) 984 09
tgl. 10-17

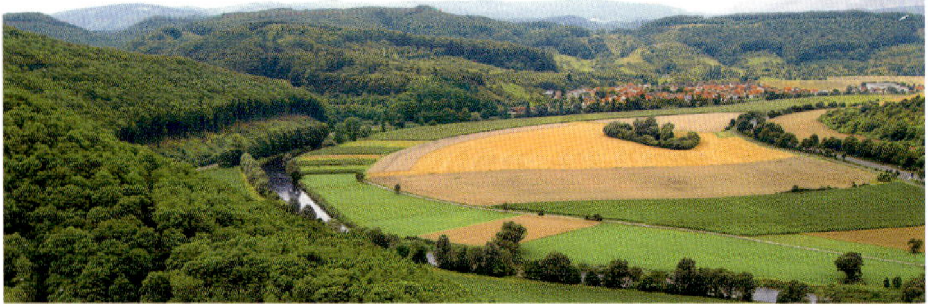

Dort wo die Werra von Bergen zu einem hufeisenförmigen Bogen gezwungen wird, liegt Lindewerra

Eine weitere ***Rundwanderung*** (14 km) geht durchs ***Wander- und Erholungsgebiet Höheberg.***

E-Bike

Pias Radlerrast
(036087) 97 99 17

Gastrockscher Hof
(036087) 901 60
auch Bett & Bike

Kurz darauf zieht, ebenfalls am rechten Ufer, die einladende Gartenterrasse von *Pias Radlerrast* vorüber.

Den eigentlichen ***Anleger*** von **Wahlhausen** finden wir dann wenig später am rechten Ufer, direkt an der ***Kirche*** *von 1718 mit ihren bemerkenswerten Emporenmalereien.* Hier gibt es einen ***Rastpavillon*** und eine ***Dixi-Toilette***.

(52) km 37

Nächster markanter Punkt, ca. 1,5 km hinter Wahlhausen, ist am linken Ufer **Ellershausen** mit einer schlichten, rechteckigen ***Kirche*** *mit Krüppelwalmdach von 1590.*

(55,3) km 33,7

Pension Alte Brücke
(036087) 983 98

Stockmacher-museum
(036087) 983 69
z.Zt. geschlossen

Restaurant Kanzelblick
(036087) 97 97 37

Zur Alten Stockmacherei
(036087) 97 08 03
Fr-Mi 12-22

Noch einmal gut 3 Kilometer weiter wird die Werra von den angrenzenden Bergen in eine nahezu hufeisenförmige Schleife gezwängt, die in **Lindewerra** von einer geschichtsträchtigen Brücke überspannt wird.

*Die eindrucksvolle **sechsbogige Sandsteinbrücke** wurde beim Rückzug der Wehrmacht 1945 gesprengt, die Überreste waren bis 1989 Symbol der deutschen Teilung. Engagierte Bürger sorgten dann dafür, dass man 1998 mit dem Neubau der Brücke begann.*

Den ***Bootsanleger*** samt gemütlichem ***Rastplatz*** mit überdachter Sitzgruppe finden wir am rechten Ufer vor der Brücke. Gleich dahinter liegt erst die *Pension „Alte Brücke“*, dann das *Stockmachermuseum* und am Ende der Straße schließlich das *Restaurant „Kanzelblick“* mit rustikalem Biergarten. An der ersten Kreuzung hinter der Brücke sich links haltend, kann man in der *Erlebnisgaststätte „Zur Alten Stockmacherei“* in der Schauwerkstadt einem Stockmacher über die Schulter schauen. *Die Tradition dieses einzigartigen Handwerks reicht in Lindewerra zurück bis 1836, als Wilhelm Ludwig Wagner die ersten Geh-Hilfen* *aus Eichenschößlingen herstellte. Noch heute stützen sich Menschen in aller Welt auf einen Stock aus Lindewerra.*

*Ein paar Schritte weiter lohnt die kleine **ev. Dorfkirche** von 1738 einen Besuch. Sehenswert im Innenraum sind der spätgotische Flügelaltar und Taufstein, eine Kanzel von 1638 und eine gut erhaltene Barockorgel aus dem 18. Jh.*

300 Meter über die Werra erhebt sich die sagenumwobene ***Teufelskanzel***. Eine *Wanderung* hinauf wird mit einem der schönsten ***Panoramablicke*** über das Werratal und das historische Wirtshaus, das bereits 1882 in unmittelbarer Nähe errichtet wurde, belohnt.

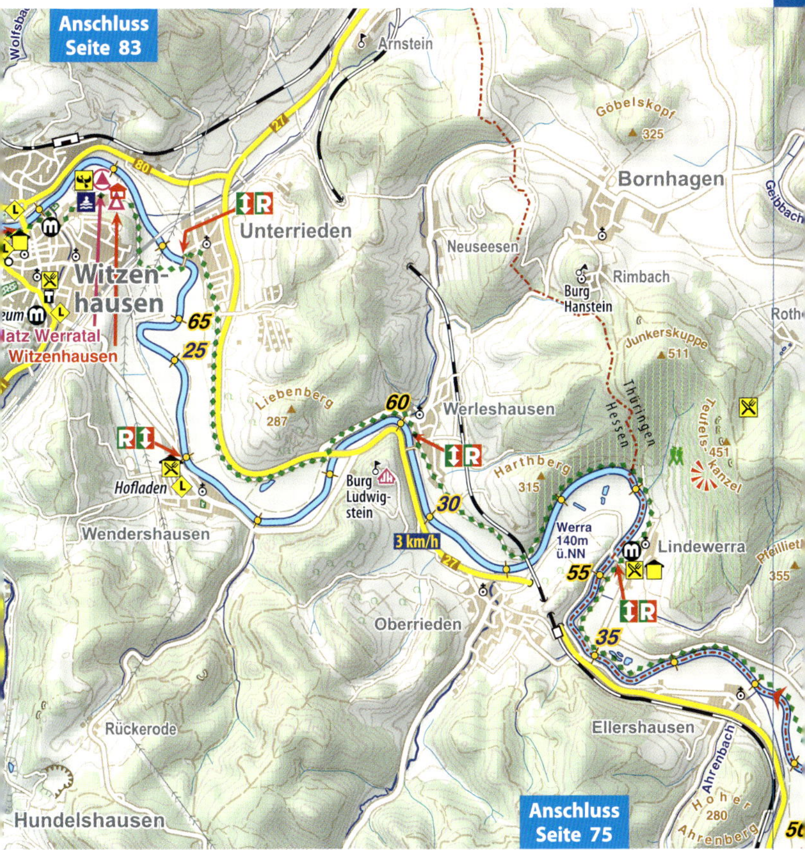

Zurück im Boot paddeln wir erst zu Füßen der ***Teufelskanzel***, dann unterhalb der ***Burgruine Hanstein*** weiter und die Eisenbahnbrücke markiert das Ende der Hufeisenschleife. Mit der Ruhe ist es auf der Werra nun leider vorbei, denn bis Hann. Münden verlaufen Bundesstraße und Bahnstrecke meist in Hörweite zum Ufer.

(59,9) km 29,1 Den ***Anleger*** in **Werleshausen** finden wir hinter der Straßenbrücke am rechten Ufer beim Feuerwehrgerätehaus.

Nachdem die folgende Straßenbrücke erreicht ist, lohnt sich der Blick zurück über die Schulter auf die links und rechts über der Werra thronenden ***Burgen Ludwigstein*** und ***Hanstein***.

Burg Ludwigstein wurde um 1415 im Auftrag des jungen Landgrafen Ludwig I. errichtet und diente für etwa zweihundert Jahre als Amtssitz und Verwaltungsmittelpunkt für das hessische Werragebiet. Von Mitte des 17. bis Mitte des 19. Jh. richtete man auf Burg Ludwigstein eine Domänenverwaltung ein und landwirtschaftliche Pächter mit Familie und Gesinde bezogen die Burg. Danach war sie dem Verfall preisgegeben, bis Anfang des 20. Jh. junge

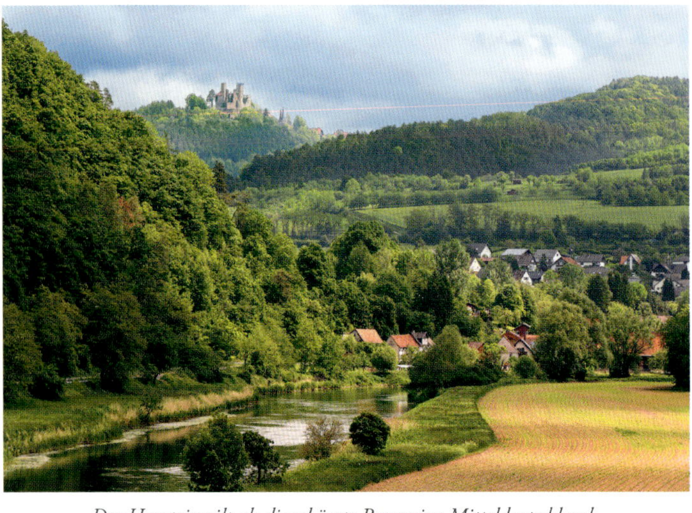

Der Hanstein gilt als die schönste Burgruine Mitteldeutschlands. Um sie ranken sich Sagen und Legenden.

Mitglieder der Wandervogelbewegung sie wieder entdeckten. Nach dem 1. Weltkrieg wurde die „Vereinigung Jugendburg Ludwigstein" gegründet, mit dem Ziel die Burg zu renovieren und zu einer Stätte der Jugendbegegnung zu machen. Zwischen 1933 und 1945 wurde der Ludwigstein als Gebietsführerschule der Hitlerjugend genutzt und erst nach dem 2. Weltkrieg wurde die von 1941-1945 verbotene „Vereinigung" wieder zugelassen und Burg Ludwigstein erneut zu einer freien Jugendburg.

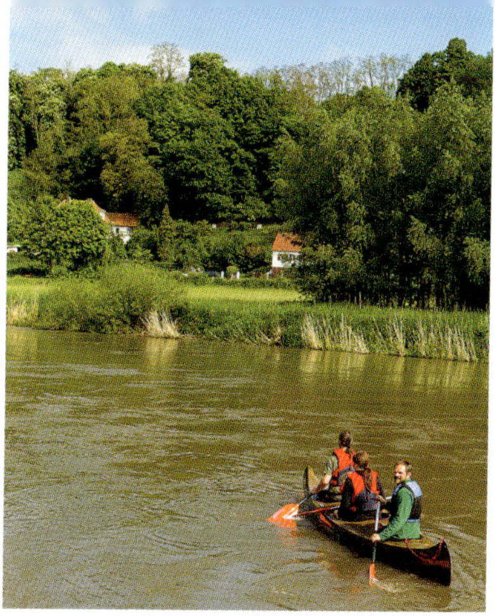

Beim Campingplatz Witzenhausen

Am Ortsende von **Wendershausen** bietet der ***Schwimmsteg*** am linken Ufer die Möglichkeit sich die Beine zu vertreten oder im *Landgasthaus Zur Krone* eine Pause einzulegen.

km 26 (63)

Landgasthaus Zur Krone
(05542) 15 06
Mo Ruhetag

Die nächste ***Rastmöglichkeit*** ist schon bald erreicht – sie liegt an der Straßenbrücke von **Unterrieden**, das schon zu Witzenhausen gehört.

Als Erstes liegt am linken Ufer von **Witzenhausen** der ***Anleger*** des *Witzenhäuser Kanu-Clubs* mit komfortablem Steg *(Übernachtungsmöglichkeit für DKV-Mitglieder)* und kurz dahinter der des *Campingplatzes Werratal.* Letzterer erfordert in Form einer steilen Rampe allerdings etwas „Akrobatik" beim Ein- und Ausstieg.

km 22 (67)

Witzenhäuser Kanu-Club
(05542) 717 07

Camp. Werratal
(05542) 14 65

Den ***Anleger*** für einen ***Stadtrundgang*** in **Witzenhausen,** *Deutschlands kleinster Universitätsstadt,* finden wir links hinter der Brücke. Auf der Werrawiese kann man beim Bauwagen-Café *„Chez Nadine"* bei tollen Torten und leckerem Flammkuchen herrlich Pause machen oder in wenigen Schritten die *Pension Fischer* erreichen.

*Verträumte Gassen und Winkel rund um den **Marktplatz** zeugen von mittelalterlicher Kultur und Baukunst. Die „Stadt der Kirschen" ist mit rund 150.000 Bäumen das zweitgrößte Kirschanbaugebiet Deutschlands. Weit über die Stadtgrenze hinaus bekannt ist die Kesperkirmes im Juli.*

km 20,8 (68,2)

Café Chez Nadine
in den Sommermonaten 12-22
Di Ruhetag

Pension Fischer
(120 m)
(05542) 93 60 50

Besonders intensiv lässt sich die Kirschblüte von Mitte bis Ende April bei einer ***Rundwanderung*** auf einem der beiden markierten ***Kirschenwege*** (7 bzw. 8 km) erleben.

Völkerkundliches Museum
(05542) 609-0
z.Zt. geschlossen

Internationale Bedeutung genießt der Fachbereich Ökologische Agrarwissenschaften als Außenstelle der Universität Kassel. Im ***Gewächshaus*** kann man tropische und subtropische Nutzpflanzen bewundern*(Mi, Fr, Sa+So14-16)*. Auf dem gleichen Gelände untergebracht ist auch das ***Völkerkundliche Museum.***

Tabakmanufaktur & Tabakmuseum
(05542) 91 16 17

Im Süden des Ortes gelegenen ***Tabakmuseum*** erhält man Einblicke in Deutschlands einziger und ältester Kautabak-Manufaktur, der ***Tabakmanufaktur*** Grimm & Triepel, wo bis 2016 produziert wurde.

(75) km 14

Hotel Garni Wolf
(05542) 54 46

Ein Stück hinter **Ermschwerd** liegt der Ort **Gertenbach.** Kurz vor der Brücke liegt rechts der ***Anleger***. Durch eine Unterführung gelangt man jenseits der Autostraße, hält sich dort rechts und kommt nach wenigen Metern zum ***Hotel Garni Wolf***. Eine überdachte Unterstellmöglichkeit für Kanus ist dort vorhanden.

km 11,8 (km 77,2)

Etwa 600 Meter hinter der Straßenbrücke von **Gertenbach** liegt am linken Ufer **Blickershausen** und noch einmal 1,5 Kilometer weiter warnt vor der Flussgabelung ein

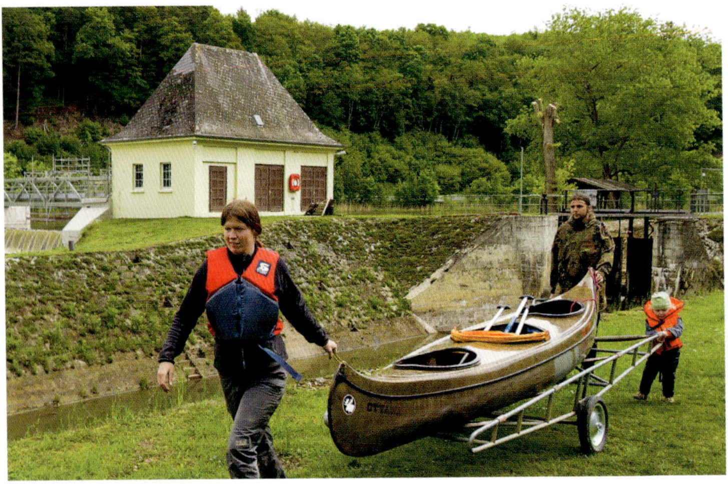

Portage am Wehr „Letzter Heller“

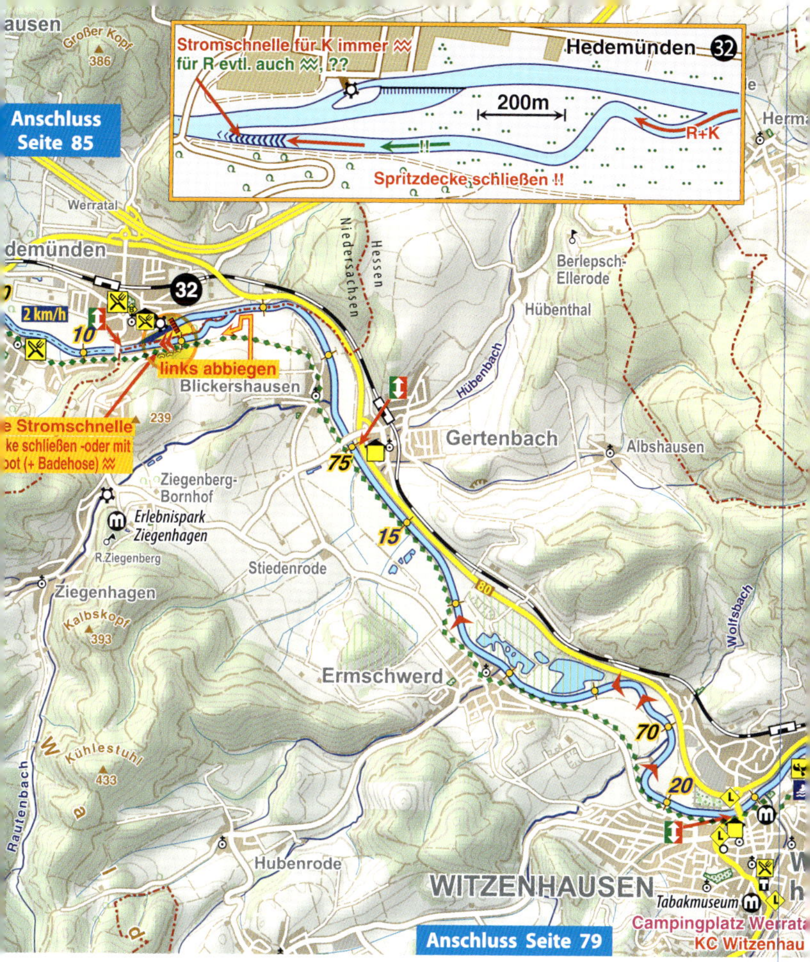

Hinweisschild vor der Schöpfbuhne in 400 Meter Entfernung. *Wir halten uns links* und im Seitenarm nimmt die Strömung ordentlich Fahrt auf. Am Ende wartet unter der Straßenbrücke in **Hedemünden** ein recht *starker Schwall.*

32 **links fahren**

Vom direkt vor der Brücke am Zusammenfluss der beiden Werraarme befindlichen ***Bootsanleger*** von **Hedemünden** geht es durchs kleine Gewerbegebiet in die ***Ortsmitte***, mit einigen hübschen ***Fachwerkhäusern***. *Die über 800 Jahre alte gotische **Hallenkirche St. Michaelis** mit barocker Umgestaltung von 1725 lohnt einen Besuch.*

km 10,4
(km78,6)

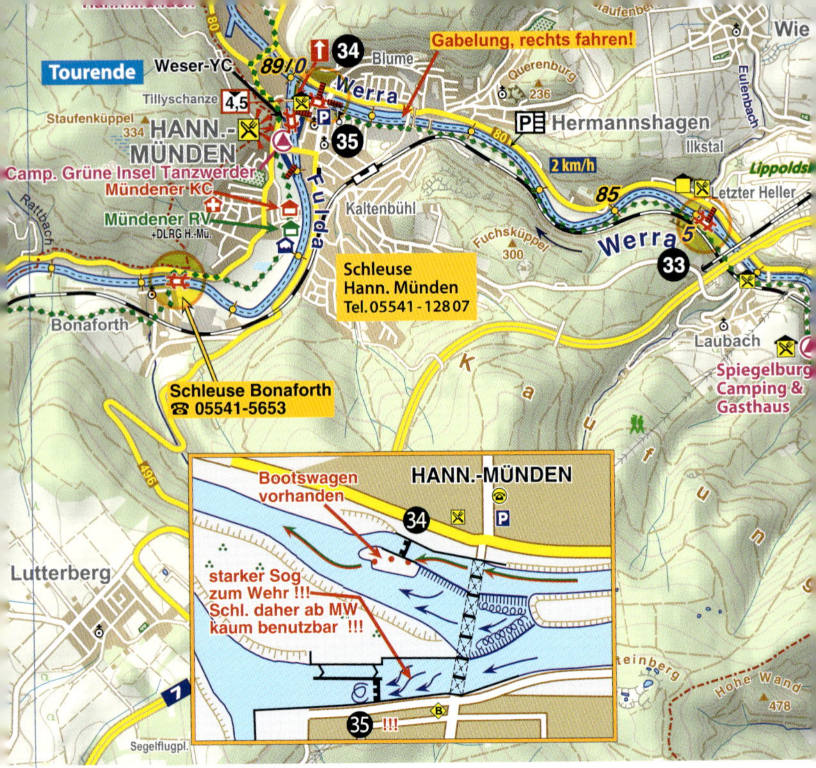

Von besonderer Bedeutung ist das erst vor wenigen Jahren entdeckte ***Römerlager*** etwa 2 Kilometer westlich von **Hedemünden.** *Es wurde vor über 2.000 Jahren während der Vorstöße römischer Legionäre als Versorgungs- und Marschlager für 5.000 Soldaten angelegt. Die 760 Meter lange Sicherungsanlage in Form von Wall und Graben ist frei zugänglich und im Gelände aufgestellte Schautafeln liefern zahlreiche Hindergrundinformationen.*

(81,7) km 7,3

Camping & Hotel Spiegelburg
(05541) 90 47 11

Vorbei an **Oberrode** erreichen wir **Zella** mit dem *Camping & Gasthaus Spiegelburg* am linken Ufer.

Nur 100 Meter entfernt liegen die Reste der ***Spiegelburg,*** einer mittelalterlichen Höhenburg.

(83,2) km 5,8

Biohotel Werratal
(05541) 99 80

Am Ende des Campingplatzgeländes unterfahren wir zunächst die Eisenbahnbrücke sowie nach der nächsten Flusskurve eine Straßenbrücke. Dann lädt am linken Ufer gegenüber des Wasserportvereins das *Flux Bio-Hotel im*

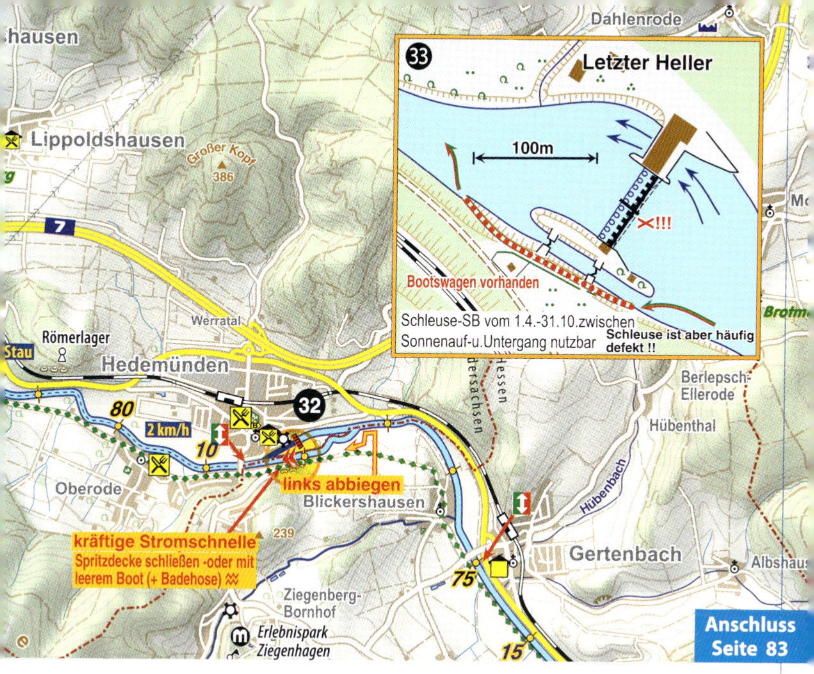

Anschluss Seite 83

Werratal zu Übernachtung oder Einkehr ein. Die beste Möglichkeit zum ***Anlegen*** gibt es ein Stück weiter am Sportplatz vor der hohen Autobahnbrücke der A7.

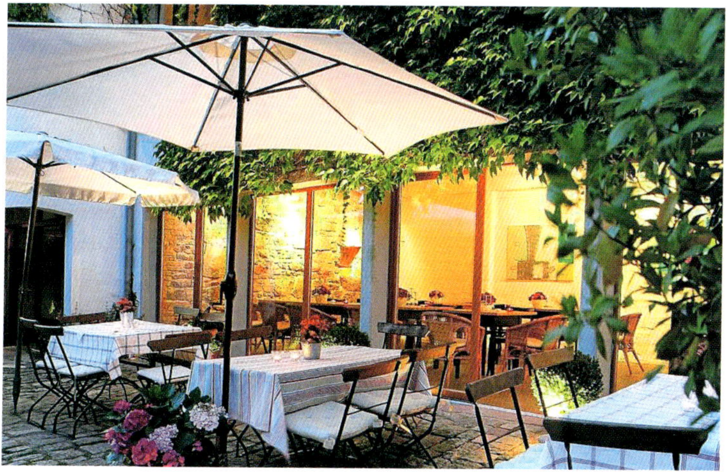

Mehrfach ausgezeichnet: gehobene, traditionelle Küche im Gasthaus „Letzter Heller"

Einige sehr lohnende ***Wanderungen*** durch das ***Laubach-, Glasebach- und Grundbachtal,*** zum ***mittelalterlichen Modelldorf*** **Steinrode** und in den ***Naturpark Kaufunger Wald*** lassen sich von hier aus unternehmen.

km 5,1 (km 83,9)

(außer Betrieb)

Wehr *li.* **33**

Die *Schleuse* finden wir gegenüber vom ***Wasserkraftwerk Letzter Heller*** am linken Ufer. Da sie bis auf weiteres gesperrt ist, muss man am linken Ufer etwa 200 Meter *umtragen*. Ein Bootswagen ist vorhanden. Gegenüber vom Wiedereinstieg hinter der Schleuse liegen am rechten

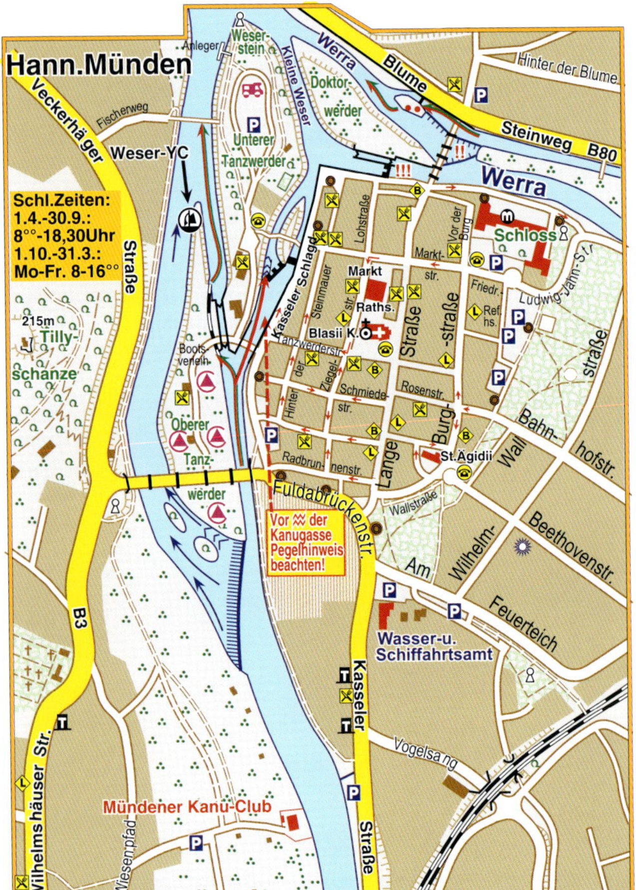

Ufer das Gasthaus „Letzter Heller“ *(gute Küche zu leicht gehobenen Preisen)* mit dem Hotel „Schlafschön“. Von hier sind es nur wenige Minuten Fußweg (750 m) zur ***Burgruine Lippoldsburg.***

Gasthaus Letzter Heller
(05541) 64 46
Mo, Do, Fr ab 17, Sa, So 12-14, ab 17

Hotel Schlafschön
(05541) 49 31

Eingezwängt zwischen der Eisenbahn am linken, und der Straße am rechten Ufer geht es nun gen **Hann. Münden**. Hinter Eisenbahn- und Straßenbrücke teilt die Flussinsel Blümer Werder die Werra, allerdings versperren in beiden Armen Wehre die Weiterfahrt.

km 0,4 (88,6)

34 Wehr *li.*
Bootswagen vorhanden

Wir folgen dem rechten Arm und müssen dann hinter der ***Alten Werra Brücke***, nach dem Passieren der Wehrkrone, links aussetzen um ein letztes Mal zu umtragen.

Nun trägt uns die Strömung die letzten Meter zur Spitze der ***Insel Doktorwerder***. Dort queren wir zügig die Strömung des hinzufließenden Werra-Nebenarms um an der Spitze der ***Insel Unterer Tanzwerder*** am ***Weserstein*** unser Boot noch rund 200 Meter gegen die leichte Strömung der ***Fulda*** flussauf zu lenken. Dort können wir an Steinstufen, unmittelbar vor der Fußgängerbrücke links ***aussetzen***. Zum Campingplatz läuft man dann noch 500 Meter.

km 0 (km 89)

Campingplatz Hann. Münden
(05541) 122 57

Gasthaus Weserstein
(05541) 725 59

Jugendherberge Hann.Münden
(05541) 88 53

Den krönenden Abschluss der Kanuwanderung bildet ein ***Rundgang*** durch die herrliche Altstadt von **Hann. Münden** mit über 700 gut erhaltenen Fachwerkhäusern.

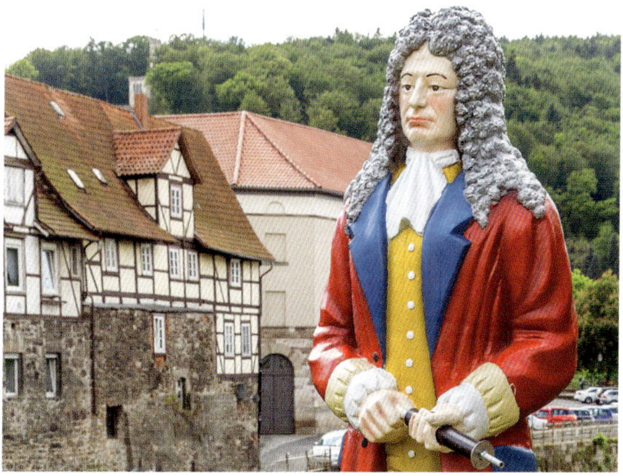

Der legendäre Doktor Eisenbart

Blick auf Hann. Münden

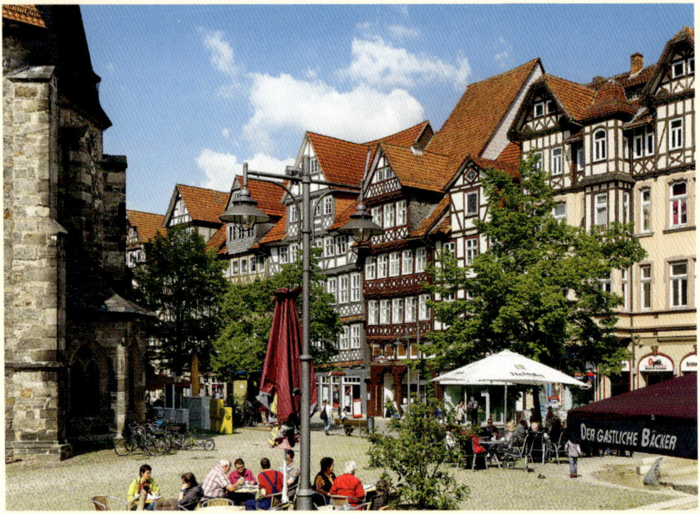

Fachwerk aus sechs Jahrhunderten prägen die historische Altstadt

Die Stadt erhielt erst 1990 durch einen Ratsbeschluss ihren offiziellen Namen Hannoversch Münden. Dabei gründete der Landgraf von Thüringen bereits 1183 eine Stadt im Mündungsdreieck von Werra und Fulda, nachdem es zuvor schon eine Siedlung am linken Weserufer, beim heutigen Altmünden, gab.

Das Stapelrecht begründete im 13. Jh. den Wohlstand der Stadt, der durch florierenden Handel kontinuierlich anstieg. Aus dem 16. Jh. stammen zahlreiche Bauten der Stadt im sogenannten Weser-Renaissance-Stil. Mit über 700 reich verzierten Fachwerkhäusern aus sechs Jahrhunderten kann Münden auf ein einmalig geschlossenes Stadtensemble von europäischem Rang verweisen.

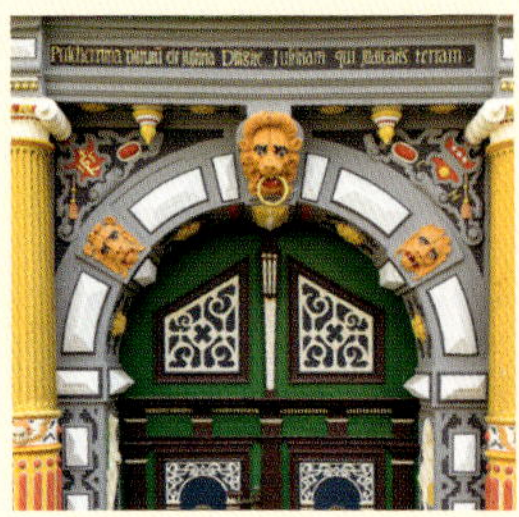

Meisterwerk der Weserrenaissance – das Rathaus

Die bewaldeten Höhen vom Kaufunger Wald, Bramwald und Reinhardswald, die von einem Wanderweg wie dem „Märchenlandweg" durchschnitten werden, schließen die Stadt ein.

Das wahrscheinlich bekannteste Wahrzeichen Mündens ist der Weserstein. Tausende Touristen haben den viel zitierten Spruch vom 31. Juli 1899 gelesen. „Wo Werra sich und Fulda küssen, sie ihren Namen büßen müssen. Und hier entsteht durch diesen Kuss, Deutsch bis zum Meer der Weserfluss".

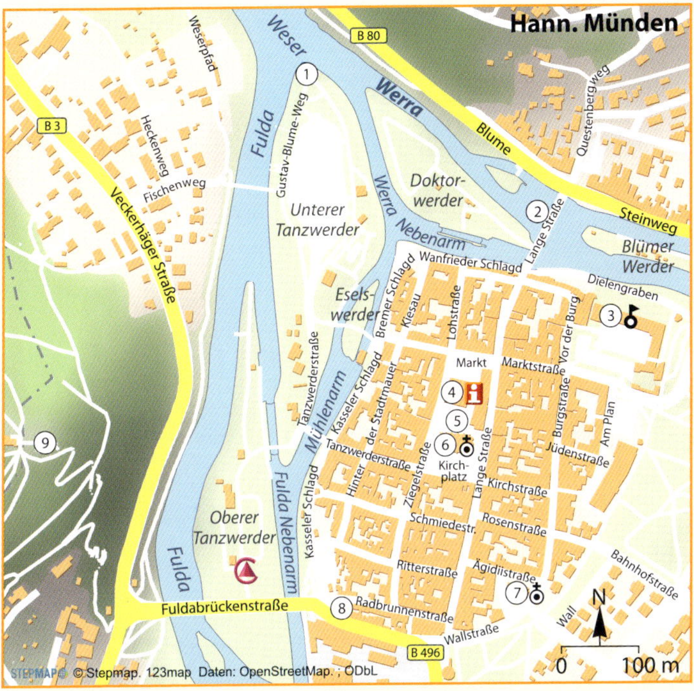

Touristik Naturpark Münden, Lotzestraße 2, 34346 Hann. Münden, Tel. (05541) 753 13, www.hann.muenden-tourismus.de

1. ***Weserstein*** (1899).
2. ***Alte Werrabrücke*** (1329).
3. ***Welfenschloss*** (1501) mit städtischem Museum.
4. ***Rathaus*** mit Doktor Eisenbart Glockenspiel im Giebel.
5. Umgestaltete Innenstadtplätze ***„Wasserspuren“.***
6. ***St.-Blasius-Kirche*** (13. Jh.).
7. ***St.-Aegidii-Kirche.***
8. ***Museum der Arbeit.***
9. ***Tilly Schanze*** (1885).

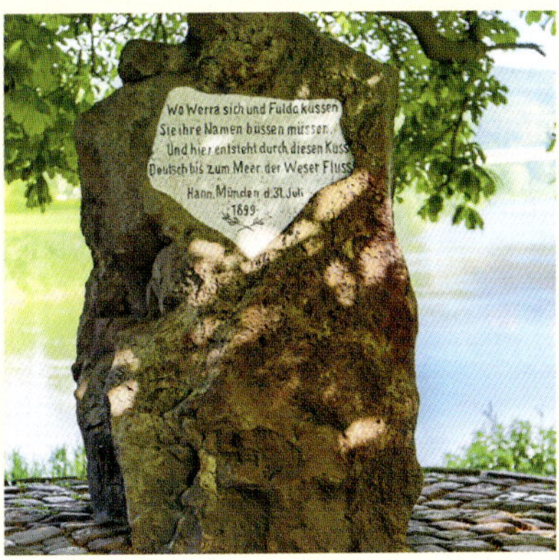

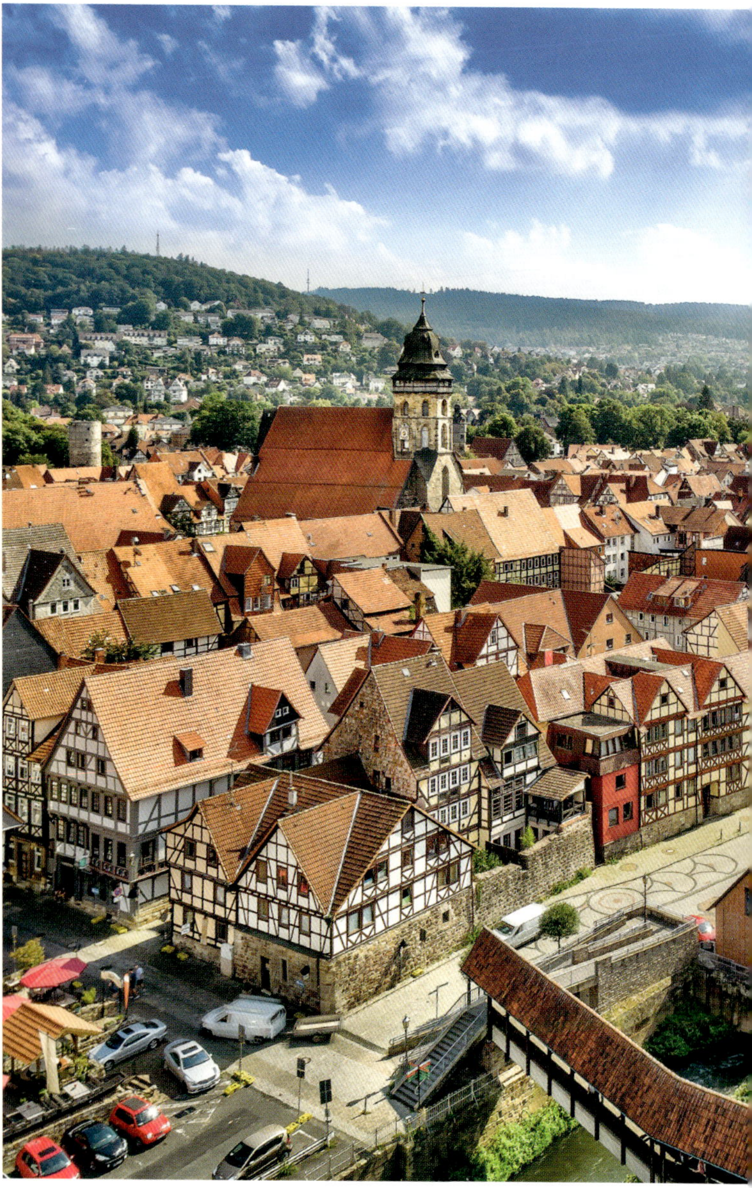

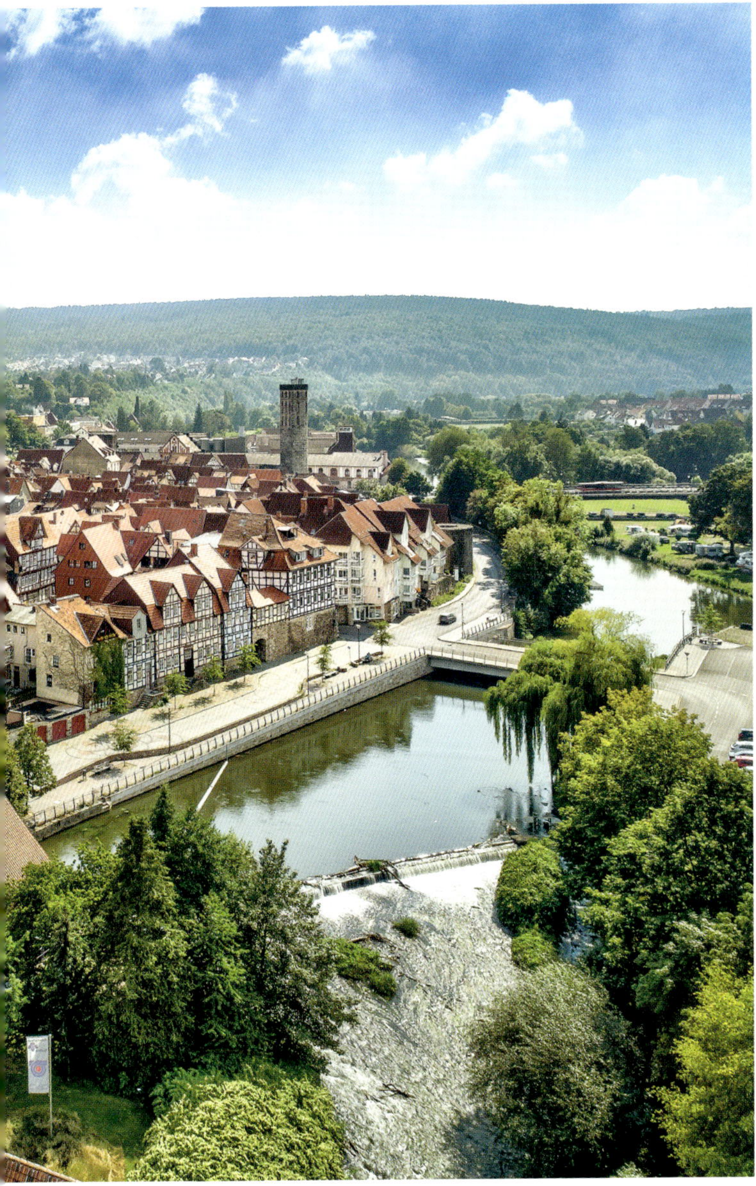

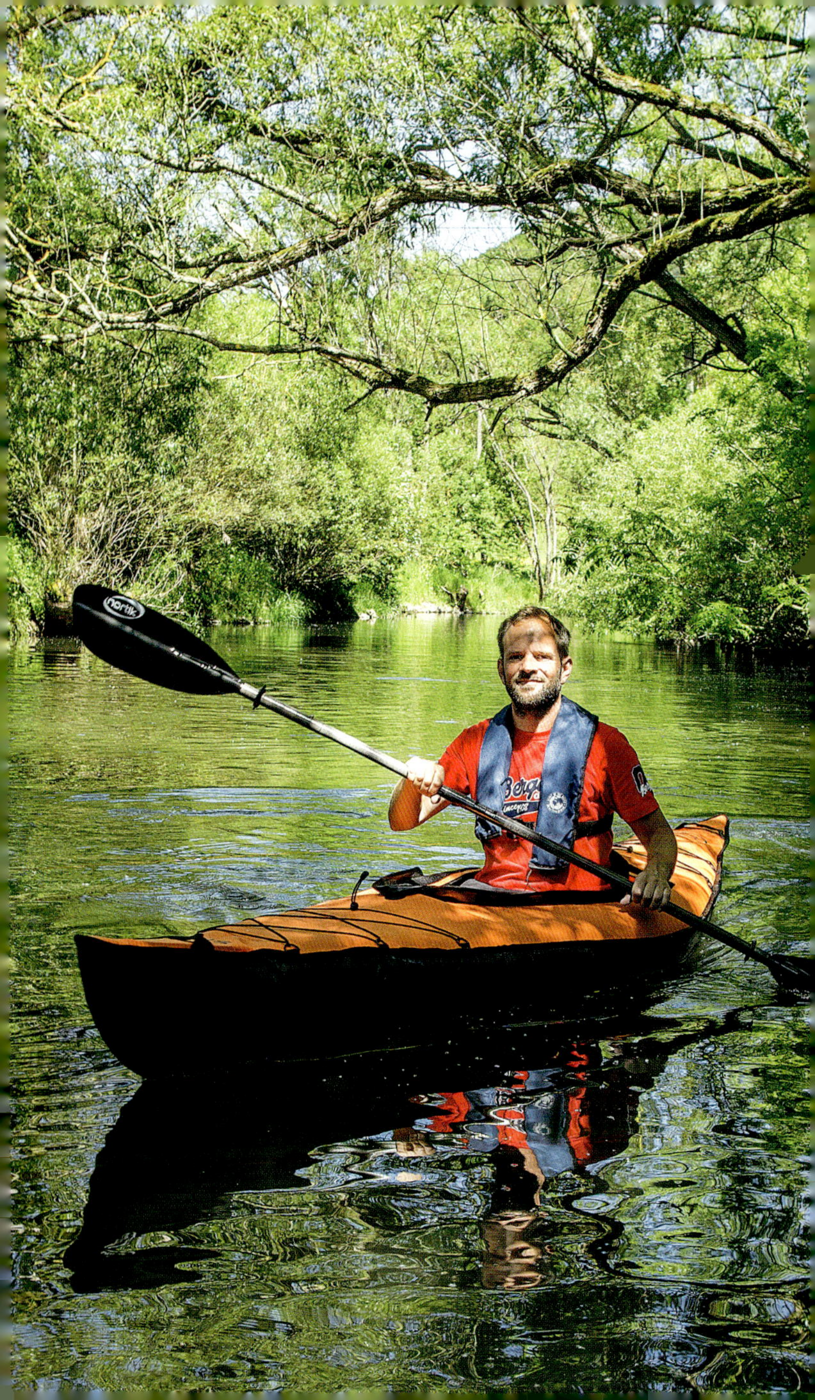
nortik

Wichtige Adressen

Übernachtung in Wassernähe (in alphabetischer Ortsreihenfolge + PLZ)

Albungen (OT von 37269 Eschwege)

Werraside Inn, Burgstr. 5, Tel. (05652) 587 55 75 & 0160-927 673 32, www.werrasideinn.de

Altenburschla (OT von 37281 Wandfried)

Camping Altenburschla, Am Rasen 3, 37281 Wanfried, Tel. +31 6265 848 22, www.camping-altenburschla.eu

Landhotel Gemeindeschänke, Am Anger 1, 37281 Wanfried, Tel. (05655) 923 40, www.landhotel-altenburschla.de

Bad Salzungen (36433)

Pension Stegmann, Am Flößrasen 3, Tel. (03695) 62 30 51, 0172-498 72 73, www.pension-stegmann.de

Wohnmobilstellplätze Am Flößrasen und in der Werrastraße

Bad Sooden-Allendorf (37242)

Café Feldmann & Pension, Landgrafenstraße 5-6, Tel. (05652) 91 78 78, www.cafe-feldmann.de

Wohnmobilstellplatz „Franzrasen" auf der Werrainsel an der Schleuse, Tel. (05652) 958 70, www.bad-sooden-allendorf.de

Berka/Werra (OT von 99837 Werra-Suhl-Tal)

Freizeitcamp Berka, Mühlweg 9a, Tel. 0173-295 85 31, www.freizeitcamp-werra.de

Breitungen (98597)

Campingplatz Strandbad Breitungen, Salzunger Straße 24a, Tel. (036848) 40 95 12, www.stadtwerke-meiningen.de

Gasthaus Zur Linde, Am Markt 5, Tel. (036848) 816 22, www.linde-breitungen.de

Waldhaus Wittgenthal, Wittgenthal 1, Tel. (036848) 86 90, www.wittgenthal.de

Buchenau (OT von 99831 Amt Creuzburg)

Pension & FeWo Gutshof, Werrastr. 3a, Tel. (036924) 429 07 oder 422 51

Creuzburg (99831)

Gästehaus Restaurant & Café Saline (nicht in Wassernähe), Wilhelmsglücksbrunn, Tel. (036926) 710 03 20, www.wilhelmsgluecksbrunn.de

Kanustation Creuzburg, Tel. (036926) 724 64, werratal-tours.de

Werra-Kanu, Biwakplatz (auch WOMO-Stellplatz), Am Alten Sportplatz, Tel. 01525-281 79 10, www.werra-kanu.de

Dankmarshausen (99837)

Hotel Waldschlösschen, Waldstraße 31, Tel. (036922) 43 72 00, www.urlaub-im-werratal.de

Dorndorf (36460)

Fahrrad- & Wanderherberge Dorndorf, (ca. 1 km Fußweg von der Anlegestelle), Hardtstraße 3a, Tel. (036962) 217 12, www.flosserlebnis-werra.de

Ebenshausen (OT von 99831 Amt Creuzburg)

Naturcamping Ebenshausen, Neue Straße 19, Tel. 0174-401 47 10, www.ebenshausen.de

Eschwege (37269)

Eschweger Kanuclub (zelten), Torwiese, Tel. (05651) 139 18 oder 0170-163 90 63, www.eschweger-kanuclub.de

Hotel Stadthalle, Wiesenstraße 9, Tel. (05651) 95 12 10, www.stadthalle-esw.de

Jugendherberge Eschwege, Fritz-Neuenroth-Weg 1,Tel. (05651) 600 99, www.eschwege.jugendherberge.de

Knaus Campingpark Eschwege, Am Werratalsee 2, Tel. (05651) 33 88 83, www.knauscamp.de

Werra-Kanu (Biwak), Torwiese 4, Tel. 01525-281 79 10, www.werra-kanu.de

Villa Ponte Wisera, Hotel garni, Brückenstraße 33-35, Tel. (05651) 228 20 48, www.villa-ponte-wisera.de

Falken (OT von 99830 Treffurt)

Veronikas Pension, Flutgraben 1, Tel. (036923) 803 56, www.veronikas-pension.de

Frankenroda (99826)

Landgasthof Probstei Zella (Zelt, Zimmer), Tel. (036924) 419 76, www.zella.de

Gerstungen (99834)

Landhaus Hofmeisters, Karlstraße 9, Tel. (036922) 300 62, www.hof-meisters.de

Gertenbach (OT von 37218 Witzenhausen)

Hotel Garni Wolf, Alte Brückenstr. 14, Tel. (05542) 54 46, www.hotel-garni-wolf.de

Hann. Münden (34346)

Biohotel Werratal, Buschweg 40, Tel. (05541) 99 80, www.biohotel-werratal.de

Campingplatz Grüne Insel Tanzwerder, Tanzwerder 1, Tel. (05541) 122 57, www.camping-und-kanu.de

Gasthaus Weserstein, Tanzwerder 5-7, Tel. (05541) 725 59, www.gasthaus-weserstein.de

Hotel Schlafschön, Letzter Heller 5, Tel. (05541) 49 31, www.hotel-schlafschoen.de

Hotel und Campingplatz an der Spiegelburg, Zella 2, Tel. (05541) 90 47 11, www.gasthausspiegelburg.de

DJH Jugendherberge Hann. Münden, Prof.-Oelkers-Str. 10, Tel. (05541) 88 53, www.jugendherberge.de

Heldra (OT von 37281 Wanfried)

Biwakplatz (mit Sanitäranlagen), Telefonnummer für Schlüssel vor Ort

Herberge im Kleegarten (Zimmer, Strohsacklager, Zigeunerwagen), Vor der Lücke 1, Tel. (05655) 92 34 44, www.herberge-im-kleegarten.de

Henfstädt (98660)

Ferienhof & Pension Lindner, Mittlere Dorfstraße 65, Tel. 0170-707 77 56 & 0171-797 81 00, www.ferienhof-lindner.de

Heringen (36266)

Pension am Werraufer, Apothekerstraße 13, Tel. (06624) 54 37 87

Werratal Camping (ca. 1,5 km Luftlinie vom Werra-Ufer), Am Steinberg 7, Tel. (06624) 54 20 22, 01520-45 53 81, www.werratalcamping.de

Hörschel (OT von 99817 Eisenach)

Tor zum Rennsteig, Unterstraße 2-4, Tel. (036928) 926 99 & 0175-482 43 87, www.rennsteig-beginn.de

Immelborn (36456)

Campingplatz Kiesgrube Immelborn, An den Badeseen 1, Tel. (03695) 62 21 01, www.kiesgrube-immelborn.de

Jestädt (OT von 37276 Meinhard)

Ferienwohnungen Schloß Jestädt, Am Kirchrain 3, Tel. (030) 312 37 56 oder 0160-98 47 54 69, www.schloss-jestaedt.de

Kleinvach (OT von 37242 Bad Sooden-Allendorf)

Gasthaus Zur Linde, Brückenstraße 7, Tel. (05652) 28 75, www.gasthaus-zur-linde-kleinvach.de

Radler- & Kanu-Rast, Fährgasse 6, Tel. (05652) 912 10, www.heuhotel-kleinvach.com

Lauchröden (OT von 99834 Gerstungen)

Haus an der Werra, Werrastr. 36, Tel. (036927) 906 24, www.werrapension.de

Wanderherberge Aßmanns Hof, Gerstunger Str. 4, Tel. (036927) 906 19

Lindewerra (37318)

Pension Alte Brücke, Straße zur Einheit 5, Tel. (036087) 983 98

Meiningen (98617)

Altstadthotel, Baumbachstr. 2, Tel. (03693) 876 90, www.altstadthotel-meiningen.de

Campingplatz Freizeitzentrum Rohrer Stirn *(ca. 2 km Luftlinie von der Werra),* Rohrer Stirn, Tel. (03693) 48 44 21, www.stadtwerke-meiningen.de

Meininger Kanusportverein *(Zeltwiese),* Werrastraße 100, Tel. (03693) 71 13 45, www.kanusport-meiningen.de

Palais am Prinzenberg, Helenenstraße 1, Tel. (03693) 881 90, 0176-559 241 99, www.meininger-hotels-mit-flair.de

Mihla (OT von 99831 Amt Creuzburg)

Hotel Graues Schloss, Schlossallee 4, Tel. (036924) 422 72, www.graues-schloss.de

Hotel & Gasthof Sandgut Mihla, Auf dem Sand 3, Tel. (036924) 425 01, www.land-unternehmen-mihla.de

Werra-Camp, Bahnhofsstr. 27, Tel. 0175-892 90 56, www.werra-erlebnistouren.de

Neuenhof (OT von 99817 Eisenach)

Landhotel Zur guten Quelle, Hörscheler Straße 14, Tel. (036928) 903 75, www.landhotel-gute-quelle.de

Obermaßfeld (98617)

Gasthaus zur Linde, Hauptstraße 8, Tel. (036949) 212 43

Philippsthal (36269)

Hotel Rhönblick, Vachaerstraße 2a, Tel. (06620) 469, www.hotel-rhoenblick.de

Probstei Zella (OT von 99826 Frankenroda)

Landgasthof Probstei Zella *(Zelt, Zimmer),* Probstei Zella 1, Tel. (036924) 419 76, www.zella.de

Schwallungen (98590)

Gasthaus Zum Hirsch / Zum Schwan, Meininger Str. 4 / 7, Tel. (036848) 218 02 oder (036848) 27 01 53 oder 0151-56 12 75 78, www.gasthaus-hirsch.eu

Schwebda (OT von 37276 Meinhard)

Werratalsee Naturcamp Meinhard, Am Seepark 1, Tel. 0160-430 98 97, www.werratalsee-naturcamp-meinhard.de

Themar (98660)

Gasthaus und Pension Grüner Baum, Markt 9, Tel. (036873) 604 43, www.gruenerbaumthemar.de

Pension Düver, Georgstraße 6, Tel. (036873) 69 88 33, www.pension-duever.de

Wohnmobilstellplatz in der Mauerstraße am Hexenturm

Treffurt (99830)

Hotel 1601 (150 m vom Wasser), Ziddelstraße 17A, Tel. (036923) 82 01 55, www.hotel1601.de

Wohnmobilstellplatz Unter den Linden, Tel. (036923) 802 54

Vacha (36404)

Gästehaus Turmstraße, Turmstraße 20, Tel. 0173-487 73 79 (günstig)

Hotel Adler, Markt 1, Tel. (036962) 26 50, www.hotel-adler-vacha.de

Wahlhausen (37318)

Camping-Oase, Kreisstraße 32, 37318 Wahlhausen, Tel. (036087) 986 71, www.camping-oase.de

Gastrockscher Hof, Kreisstraße 35, Tel. (036087) 901 60, www.gastrock-mey.de

Wasungen (98634)

Bürgerhaus Zum Paradies - Pension, Bahnhofstr. 5, Kontakt: Tourist-Info, Tel. (036941) 715 05 oder 0160-411 65 89

Zeltplatz a. d. Werra, Fischergasse 30, Kontakt: Tourist-Info, Tel. (036941) 715 05

Wendershausen (OT von 37215 Witzenhausen)

Landgasthaus zur Krone, Eschweger Straße 14, Tel. (05542) 15 06, www.zurkrone-apel.de

Witzenhausen (37213)

Campingplatz Werratal, Am Sande 11, Tel (05542) 14 65, www.campingplatz-werratal.de

Pension Fischer, Kniegasse 14-18, Tel. (05542) 93 60 50, www.fewo-fischer.com

Witzenhäuser Kanu-Club (zelten), Am Sande, Tel. (05542) 717 07, www.wkc-witzenhausen.de

Kanuvermieter

Berka (99837)

Freizeitcamp & Kanu-Verleih Werra, Mühlweg 9a, Tel. 0173-295 85 31, www.freizeitcamp-werra.de

Creuzburg (99831)

Werra-Kanu, Am Alten Sportplatz, Tel. 01525-281 79 10, www.werra-kanu.de

Werratal-Tours, Feuergasse 1, Tel. (036926) 724 64, www.werratal-tours.de

Eschwege (37269)

Werra-Kanu (auch SUP), Torwiese 4, Tel. 01525-281 79 10, www.werra-kanu.de

Frankenroda (99826)

Landgasthof Probstei Zella, Tel. (036924) 419 76, www.zella.de

Henfstädt (98660)

Kanu-Reich, Mittlere Dorfstraße 3, Tel. 0160-551 54 95 & (036873) 696 71, www.kanureich.de

Kleinvach (OT von 37242 Bad Sooden-Allendorf)

Werratal-Kanu, Kellerstraße 2, Tel. (05652) 29 42 und 0173-856 46 95, www.werratal-kanu.de

Neuenhof (OT von 99817 Eisenach)

Kringeltours, Warthaer Straße 3, Tel. (036928) 960 71, www.kringeltours.de

Schwallungen (98590)

Pfannstiel Outdoor-Aktiv, Ellenberg 15, Tel. (036848) 229 35, www.pfannstiel-outdoor-aktiv.de

Tiefenort (36469)

Scout Kanuvermietung, Hämbacher Kreuz 2, Tel. (03695) 82 53 10 und 0179-764 38 11, www.scout-outdoor.de

Witzenhausen (37213)

Campingplatz Werratal, Am Sande 11, Tel. (05542) 14 65, www.campingplatz-werratal.de

Fahrradvermieter

Bad Salzungen (36433)

Firma Kompe, Kaltenborner Straße 64 a, Tel. (03695) 60 31 21, www.zweiradkompe.de

Fahrrad Eyring (auch Filialen in Tiefenort und Vacha), Tel. (03695) 85 03 08 & 0179-261 24 45, www.fahrradhaus-eyring.de

Bad Sooden-Allendorf (37242)

Zweiradhaus Schülbe, Eschweger Landstr. 5, Tel. (05652) 92 89 77 und 0174-315 21 48, www.fahrradverleih-bad-sooden-allendorf.de

Eisenach (99817)

Diako Cycle Service, Markt 18, Tel. (03691) 73 28 31, radladen@diako-thueringen.de

Zweirad Henning, Schmelzerstr. 4-6, Tel. (03691) 78 47 38, www.zweirad-henning.de

Eschwege (37269)

Zweiradhaus Ebert, Forstgasse 2 a, Tel. (05651) 505 90, www.zweiradhaus-ebert.de

Fahrradhaus Mangold, Vor dem Brückentor 11, Tel. (05651) 75 40 20, www.dasfahrrad.de

Hann. Münden (34346)

Zweiradshop Schelp, Veckerhäger Straße 30, Tel. (05541) 982 50, www.schelp.de

Kleinvach (OT von 37242 Bad Sooden-Allendorf)

Radler- & Kanurast Kleinvach, Fährgasse 6, Tel. (05652) 912 10, www.radler-und-kanu-rast-kleinvach.de

Mihla (99826)

Reifen Fratscher, Am Anger 11, Tel. (036924) 420 83

Probstei Zella (Ot von 99826 Frankenroda)

Landgasthof Probstei Zella, Tel. (036924) 419 76, www.zella.de

Wanfried (37281)

2Rad Rabe, In der Werraaue 2, Tel. (05655) 612, www.2radrabe.de

Sehenswürdigkeiten & Weitere Aktivitäten

Abterode (37290 Meißner-Abterode)

Besucherbergwerk „Grube Gustav", Kupfergasse 19c (Navi: Höllental 2 (L3335), Tel. (05657) 75 00, *15. Mär-31. Okt Mi-So 13-16,* Eintritt 8 € Erw. / 6 €

Kinder Asbach / Sickenberg (37318) 2,5 km von Bad Sooden-Allendorf

Grenzmuseum Schifflersgrund, Platz der Wiedervereinigung 1, Tel. (036087) 984 09, *tgl. 10-17,* Eintritt 5 €, www.grenzmuseum.de

Bad Salzungen (36433)

Museum am Gradierwerk, An den Gradierhäusern 4, Tel. (03695) 69 34 71, *tägl. 10-17,* Eintritt: 3 € / Kinder bis 16 Jahre frei

Stadtmuseum Türmchen, August-Bebel-Straße 69, *geöffnet: 1. Freitag im Monat*

Keltenbad, Am Solbad 4, Tel. (03695) 693 40, *tgl. 10/11-22,* Eintritt Saunalandschaft + Bad für 3 Std. 18 €, www.keltenbad.de

Erlebnisfreibad Drei Eichen, Am Schwimmbad 2, Tel. (03695) 850 69 19, *Mai-Sep tgl. bei gutem Wetter 10-20*

Bad Sooden-Allendorf (37242)

Salzmuseum, Im Söder Tor, Tel. (05652) 41 07, *Mi, Sa, So 14-17,* Eintritt 1 € / 0,50 €, www.salzmuseum.heimatkunde-bsa.de

WerratalTherme, Am Gradierwerk 2 a, Tel. (05652) 95 87 80, *tgl. 10-20/22,* Tageskarte Bad 14,50 € / 5,50 €, Familienkarte 3 Std. 26 € (2 Erw. / 1 Kind), www.werrataltherme.com

Breitungen (98597)

Basilika & Aktivmuseum Ländliches Brauchtum, Schloss 3, Tel. (036848) 882 21 oder 0176-111 882 21, *Mai-Okt Mi & Fr 10-12 und 13-16, 1. + 3. So 14-17,* www.breitunger-basilika.de

Untere Mühle, Gasse 1, Tel. (036848) 872 44, *Mo-Fr 8-18, Sa 8-12*

Creuzburg (99831)

Museum Burg Creuzburg, Auf der Creuzburg, Tel. (036926) 980 47, *Apr-Okt Di-Sa 12-17, So 10-17, während der Ferien (Thüringen + Hessen) Di-So 10-17, Nov-Mär Do-So 12-16,* www.creuzburg-online.de

Stiftsgut Wilhelmsglücksbrunn (nicht in Wassernähe) – Übernachtung, Restaurant-Café (Bio-Gerichte aus Lammfleisch, Schafskäse, Thüringer Küche, vegetarische und vegane Küche), Hofladen (Schafmilchprodukte, Lamm- und Wasserbüffelfleisch aus eigener Produktion, Käse aus der Creuzburger Käsemanufaktur u. v. m.), Tel. (036926) 710 03 20, www.wilhelmsglueckbrunn.de

Eschwege (37269)

Stadtmuseum, Vor dem Berge 14 a, Tel. (05651) 30 42 81, *Apr-Okt Di / Sa / So 14-17,* Eintritt 2 € / 1 €

Zinnfigurenkabinett, In der Kemenate, Hospitalstr. 7, *Mi / Sa / So 14-17,* Eintritt 2 € / 1 €

Espada Freizeitbad, Goldbachstr. 55, Tel. (05651) 80 72 89, *Di 7-18.30, Mi 11-22, Do 15.30-18.30, Fr 7-18.30, Sa, So 9-18,* Eintritt Hallenbad 5,20 € / 3,20 €, www.espada.de

Kletterwald Leuchtberg, Leuchtbergstraße 40, Tel. (05651) 807 10, *Fr 12-18, Sa, So 10-18, hess. Ferien: Di-So 10-18,* www.kletterwald-leuchtberg.de

Regelmäßige Stadtführung „Fachwerk, Türme und der Dietemann", einen Tag vorher unter Tel. (05651) 80 71 11 anmelden

Gerstungen (99834)

Werratalmuseum im Schloss, Sophienstraße 4, Tel. (036922) 24 52 61, *Di-So 14-17,* Eintritt 4 € / 2 €

Freibad, In der Steinau (zwischen Gerstungen und Neustädt), Tel. (036922) 202 49, *Jun-Sep Mo-Fr 12-19, Sa / So 10-20*

Hann. Münden (34346)

Städtisches Museum im Welfenschloss, Schlossplatz 5, Tel. (05541) 752 02, *Mai-Okt Mi-So 10-16,* Eintritt 3,50 € / 1,50 €

Tillyschanzenturm, Tel. (05541) 18 90, *Mai-Okt Di-So 11-18,* Eintritt 1,50 € / 0,60 €, Schlüssel und Tickets bei der Waldgaststätte Tillyschanze, www.tillyschanze.de

Hochbad (beheiztes Freibad am Rattwerder), Tel. (05541) 70 70, *ab Jun 8-20,* Eintritt 3,40 € / 2 €, www.hochbad.de

Öffentliche Stadtführungen, Ende Apr-Anfang Okt, tgl. 10.30+14.30, Treffpunkt an der Tourist-Info im Rathaus, Kosten 6,50 €

Heringen (36266)

Werra-Kalibergbau-Museum, Dickesstr. 1, Tel. (06624) 91 94 13, *7. Jul-31.Okt Mi, Do, Fr, So 13-17,* Eintritt 5,50 € / 3,50 €, Familien 12 €, Kombiticket Museum & Monte Kali 9 € / 6 € / 20 €, www.kalimuseum.de

Fritz Kunze Bad, Badstraße 5, Tel. (06624) 435, *Mitte Mai-Mitte Sep Di-Fr 9-21, Sa, So 10-19,* Eintritt 3 € / 1,50 €, www.fritz-kunze-bad.de

Kloster Veßra (98660)

Hennebergisches Museum im Kloster Veßra, Anger 35, Tel. (036873) 690 30, *Apr-Okt tgl. 9-18,* Eintritt 6 € / 4 €, Fam. 12 € (2 Erw., bis zu. 3 Kinder), www.museumklostervessra.de

Lindewerra (37318)

Stockmachermuseum, Straße der Einheit 2, Tel. (036087) 983 00 oder 983 10, *Apr-Okt So 13.30-17 oder nach Anmeldung,* www.lindewerra.de

Meiningen (98617)

Südthüringisches Staatstheater, Bernhardstraße 5, Tel. (03693) 45 12 22, www.das-meininger-theater.de

Theatermuseum Zauberwelt der Kulisse, Schlossplatz 2, Tel. (03693) 47 12 90, *Präsentationen Di-So jeweils 10, 12, 14 + 16,* Eintritt 5 € / 3,5 €, www.meiningermuseen.de

Museum Schloss Elisabethenburg, Schlossplatz 1, Tel. (03693) 50 36 41, *Di-So 10-18,* Eintritt 6 € / 4,50 €, www.meiningermuseen.de

Literaturmuseum Baumbachhaus, Burggasse 22, Tel. (03693) 50 28 48, *Di-Fr 10-12 und 13-18, Sa / So 14-16* (zur Besichtigung am Wochenende an der Museumskasse im Schloss melden), www.meiningermuseen.de

Kunsthaus Meiningen, Ernestinerstr. 14, www.kunsthaus-meiningen.de

Stadt- oder Marienkirche, Marktplatz, *Besichtigung Di-Fr 10-17, Sa 10-14, So ab 11.30*

Goetz-Höhle, Am Dietrich 2, Tel. 01525-321 95 08, *Do-Fr 16-22, Sa, So 11-22,* www.goetzhoehle.com

Dampflokwerk, Am Flutgraben 2, Tel. (03693) 85 16 02, *Führungen (ca. 90 Min.) jeden Sa um 10 Uhr,* Eintritt 6 €, www.dampflokwerk.de

Meininger Zweiradmuseum, Landsberger Straße 144, Tel. (03693) 423 80, *Mi / So 13-16, Sa 10-16,* www.mzm-ev.de

Freizeit- und Erholungszentrum Rohrer Stirn (Hallen- und Freibad, Sauna, Campingplatz), Tel. (03693) 48 40, www.stadtwerke-meiningen.de

Stadtführungen (ca. 1,5 Std.) *jeden Sa 14,* Treffpunkt Tourist-Info, 5 € pro Person

Merkers (OT von 36460 Krayenberggemeinde)

Erlebnisbergwerk, Zufahrtstraße, Tel. (03695) 61 41 01, *Führungen (Kinder ab 10 Jahren) Di-Sa 9.30/13.30,* EIntritt 23 € / 15 €, Sa 26 € / 18 €, Familienkarte Di-Fr 52 €, Sa 57 € (2 Erw. + Kind ab 10 Jahre), www.erlebnisbergwerk.de

Themar (98660)

Heimatstube im Amtshaus (Tourist-Info), Markt 1, Tel. (036873) 603 15, *Öffnungszeiten auf Anfrage*

Tiefenort (36469)

Freibad, Auf der Heerstatt, Tel. (03695) 82 40 37, *Mai / Sep Di-So 13-18, Mo 13-19*

Treffurt (99830)

Ritterburg Normannstein, Burg Normannstein 1, Tel. (036923) 82 59 09 und 0175-174 82 68, *So 11-17,* www.ritterburg-normannstein.de

Vacha (36404)

Museum & Puppensammlung Burg Wendelstein, Untertor 8, Tel. (036962) 228 39, *Di/Do/Fr 10-17, Mi 10-12, Sa/So 14-17,* www.vacha.de/museum.html

Vachdorf (98617)

Öko-Markt Werratal, Riethweg 239, Tel. (036949) 29 70, Bäckerei, Metzgerei, Café – regionale Spezialitäten und ausgewählte Produkte aus biologischer Erzeugung, www.bgz-vachdorf.de

Walldorf (98639)

Sandstein- und Märchenhöhle mit Minifreizeitpark, Pension Sandsteinhöhle, Marienstraße 6, Tel. (03693) 88 12 77, *Jun/Jul/Aug tgl. 10-18, Apr/Mai/Sep/Okt tgl. 10-17,* Eintritt 7 € / 3,50 €, www.sandsteinhoehle.de

Wanfried (37281)

Freibad, Schwimmbad 1, *Jun-Aug Mo-Sa 12-19, So12-18,* Eintritt 3,50 € / 2,50 €

Wasungen (98634)

Stadtmuseum & Thüringer Karnevalsmuseum, Untertor 1, Tel. (036941) 715 05 & 721 29, *Di-Fr 10-12 + 13-16, Sa 10-12, So 14-16 (nur Mai-Okt),* Kombikarte Stadt- und Karnevalsmuseum 2 €

Witzenhausen (37213)

Gewächshaus für tropische Nutzpflanzen, Steinstr. 19, *Mi, Fr, Sa+So 14-16,* www.uni-kassel.de

Völkerkundliches Museum, Steinstr. 19, Tel. (05542) 609-0, *Apr-Okt Mi/So 15-17*

Kautabakmanufaktur & Tabakmuseum, Walburger Str. 48/50, Tel. (05542) 91 16 17, *Führung anfragen: kuehnemuth@t-online.de* www.grimm-triepel.de

Erlebnispark Ziegenhagen, Ziegenberg 3, Tel. (05545) 246, *Mi-So 10-18, in den Ferien Mo-So 10-18,* Eintritt ab 3 Jahre 10,50 €, www.erlebnispark-ziegenhagen.de

Auskunft & Tourist-Infos

36433 Bad Salzungen

Werratal Touristik e. V., Hersfelder Straße 4, Tel. (03695) 86 14 59 und 636 47 40, www.werratal.de

37242 Bad Sooden-Allendorf

Tourist-Info Bad Sooden-Allendorf, Landgraf-Philipp-Platz 1-2, Tel. (05652) 958 70, www.bad-sooden-allendorf.de

99831 Amt Creuzburg

Tourist-Info Creuzburg, Auf der Burg Creuzburg, Tel. (036926) 980 47, www.creuzburg-online.de

99817 Eisenach

Eisenach-Wartburgregion Touristik, Markt 24, Tel. (03691) 792 30, www.eisenach.info

37269 Eschwege (Eschwege • Meinhard • Wanfried)

Tourist-Info, Obermarkt 8, Tel. (05651) 807-111, www.werratal-tourismus.de

34346 Hann. Münden

Hann. Münden Marketing, Lotzestr. 2, Tel. (05541) 753 13 oder 753 43, www.hann.muenden-erlebnisregion.de

98617 Meiningen

Tourist-Info Meiningen, Ernestinerstr. 2, Tel. (03693) 446 50, www.meiningen.de

99826 Mihla

Tourist-Info Mihla, Marktstraße 18, Tel. (036924) 48 98 30

98660 Themar

Tourist-Info Themar, Schuhmarkt 6, Tel. (036873) 697 32, www.themar.de

37213 Witzenhausen

Tourist-Info, Am Markt 12, Tel. (05542) 600 10, www.kirschenland.de

Paddeln auf drei Flüssen

Hann. Münden – Fachwerk- & Dreiflüssestadt

Die Region um die Dreiflüssestadt Hann. Münden ist ideal für Wassersportler: Gleich drei Flüsse laden mit Weser, Fulda und Werra zu abwechslungsreichen Touren auf dem Wasser ein. So lassen sich idyllische Flusslandschaften, romantische Fachwerkstädte und herrliche Wälder vom Wasser aus entdecken.

- angeschlossen an die „Gelbe Welle"
- gut ausgeschilderte Anlegestellen und Rastplätze
- zahlreiche Campingplätze direkt am Wasser
- übersichtliche Informationstafeln
- Kartenmaterial
- Vielzahl an Service-Angeboten rund um den Wassersport

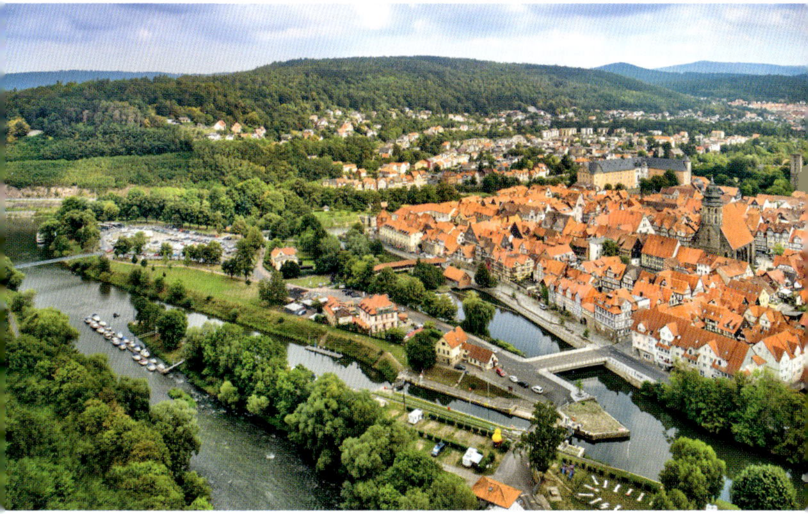

Erlebnisregion HANN. MÜNDEN IM WESERBERGLAND

Hann. Münden Marketing GmbH
Lotzstraße 2 | 34346 Hann. Münden
Tel.: 05541 75-313 oder 75-343
info@hann.muenden-marketing.de

Buchungsservice für Übernachtungen und Stadtführungen
www.hann.muenden-erlebnisregion.de

Infos Werratal & Naturparks

Nationalpark Hainich, Nationalparkzentrum, Thiemsburg 1, 99947 Schönstedt, Tel. (03603) 89 24 64, www.nationalpark-hainich.de, www.baumkronen-pfad.de

Naturpark Eichsfeld-Hainich-Werratal, Dorfstraße 40, 37318 Lutter, Tel. (0361) 573 91 50 00, www.naturpark-ehw.de

Geo-Naturpark Frau-Holle-Land, Werratal. Meißner. Kaufunger Wald, Klosterfreiheit 34 A, 37290 Meißner, Tel. (05657) 64 49 90, www.naturparkfrauholle.land

Kanu-Verbände

Deutscher Kanu-Verband, Bertaallee 8, 47055 Dusiburg, Tel. (0203) 99 75 90, www.kanu-de

Bundesverband Kanu e.V. (BVKanu), Gunther-Plüschow-Str. 8, 50829 Köln, Tel. (0221) 59 57 10, www.bvkanu.de

Paddel-Zeitschriften

kajak-Magazin, Tel. (07221) 95 210, www.kajak-magazin.com

KANUmagazin, Tel. (089) 55 24 10, www.kanumagazin.de

Kanuliteratur Werra und Umgebung

TourenAtlas TA 4 Oberweser – Leine mit Quell- und Nebenflüssen, Maßstab 1:75.000 / 1:25.000, wasserfest, *Jübermann Kartographie und Verlag*

KANU KOMPAKT Weser, Kanutourenführer mit Wasserwanderkarten von Hann. Münden nach Minden, *Thomas Kettler Verlag,* www.kanubuch.de

Literatur- & Karten-Tipps zur Werra

Reiseführer **Thüringen**: Kultur- und Naturschätze im grünen Herz Deutschlands, *Trescher Verlag.*

DuMont Bildatlas **Thüringen**, *DuMont Reiseverlag.*

Reiseführer: **111 Orte im Werra-Meißner-Kreis, die man gesehen haben muss,** *emons Verlag.*

Die Werra: Landschaft und Leben am Fluß zwischen Thüringer Wald und Hann. Münden (viel Information, auch Historisches), *Verlag Rockstuhl.*

Sagenhaftes entlang der Werra zwischen Eisfeld und Treffurt, (Sagen, Legenden), *Sutton Verlag.*

50 sagenhafte Naturdenkmale in Thüringen: Bäume, Quellen, Seen, Berge, Höhlen, Felsen, *Steffen Verlag.*

Wie ich die Werra erlebte – Der Fluss vor meiner Haustüre, (Ferienabenteuer eines zwölfjährigen Schuljungen), *tredition Verlag.*

Im Ruderboot durch Deutschland (Marie von Bunsen befuhr 1905-1915 Werra und Weser. Literarischer Leckerbissen, antiquarisch), *Salzwasser Verlag.*

Ohne Grenzen: Thüringen Krimi (Mordfall in Anlehnung zur Geschichte der Brandenburg und ihrer adligen Bewohner), *Prolibris Verlag.*

Fernwanderwege outdoor Der Weg ist das Ziel: **Thüringen „Rennsteig“** *und* **„Werra-Burgen-Steig Hessen“,** beide *Conrad Stein Verlag.*

Werra-Radwanderweg: **Von Heuhaus am Rennsteig bis Hannoversch Münden.** 306 km (Radfernweg), *Verlag grünes herz.*

bikeline **„Werratal-Radweg: Von den Quellen nach Hann. Münden“,** Radtourenbuch mit Karten 1:50.000, *Verlag Esterbauer.*

Der Autor

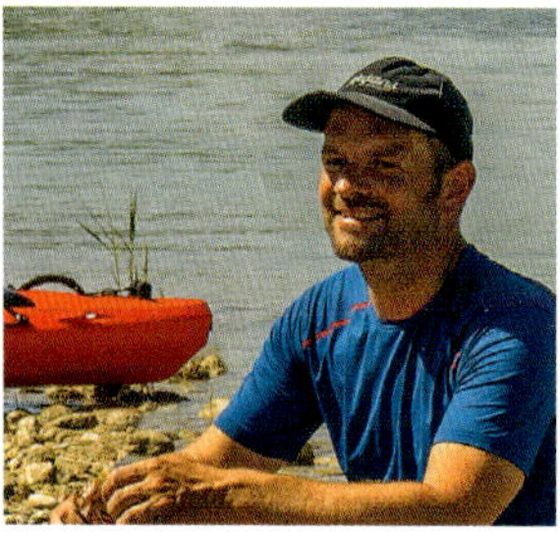

Michael Hennemann
ist ausgebildeter fototechnischer Assistent und begeisterter Reisender und Kanusportler. Als Autor und Fotograf ist er seit vielen Jahren auf Reise-, Outdoor- und vor allem Kanuthemen spezialisiert.

Mehr über seine Arbeit finden Sie im Internet unter:
www.michael-hennemann.de

Der Kartograf

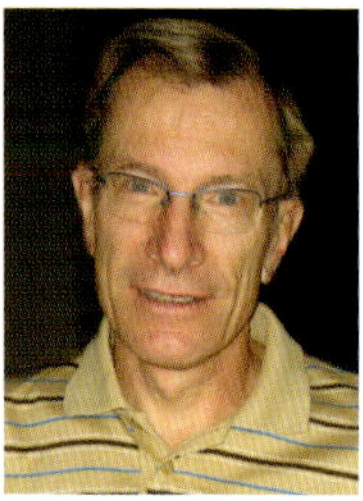

Jübermann - Kartographie und Verlag hat sich auf die Herstellung von Gewässerkarten für Wassersportler spezialisiert.
Alle Karten, im Maßstab 1:100.000 und größer, sind in Bezug auf die Gewässer bzw. Wassersportinhalte im Gelände komplett überprüft. Jeder dargestellte Gewässer-km ist auch per Boot kontrolliert worden. Hier sind keine Schreibtischtäter am Werk, sondern passionierte Wassersportler (Erhard Jübermann z.B. mit ca. 60.000 gepaddelten km), die all ihre Erfahrung weitergeben. ***www.juebermann.de***

Die Buchreihe SUP-GUIDE

Die schönsten SUP-Spots
+ die besten EINKEHRTIPPS

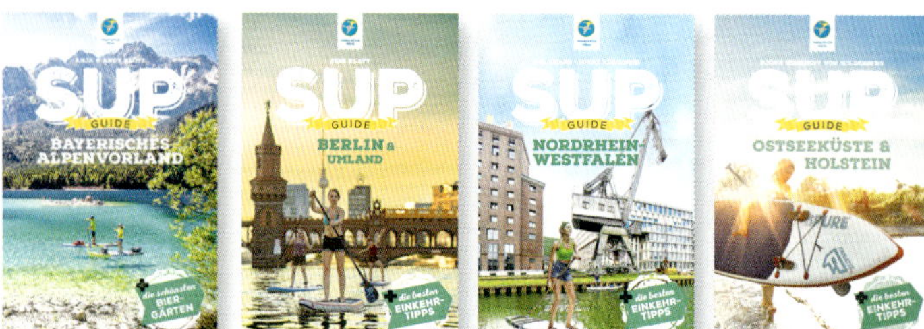

Reisehandbücher
Kanu- und Outdoortouren

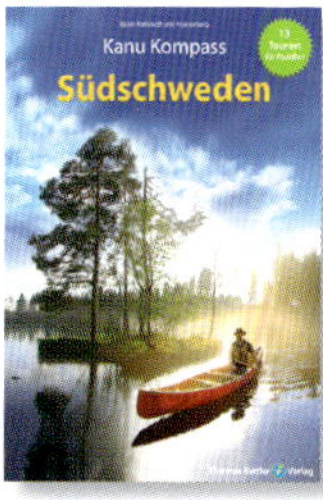

KANU KOMPASS
Südschweden

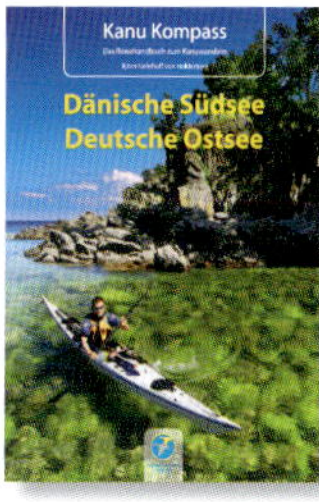

KANU KOMPASS
Dänische Südsee, Deutsche Ostsee

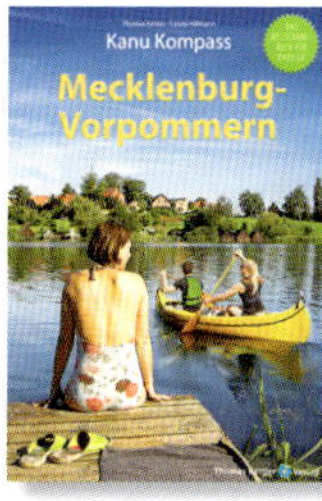

KANU KOMPASS
Mecklenburg-Vorpommern

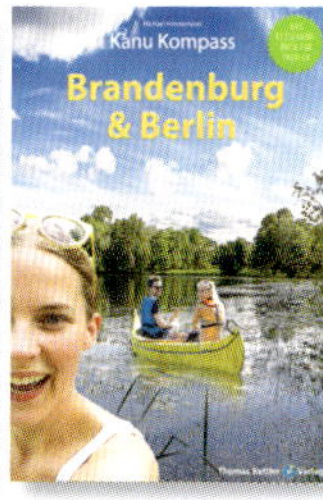

KANU KOMPASS
Brandenburg & Berlin

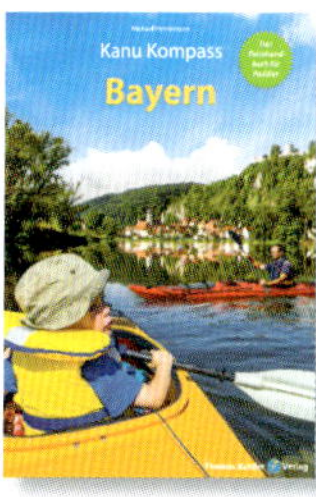

KANU KOMPASS
Bayern

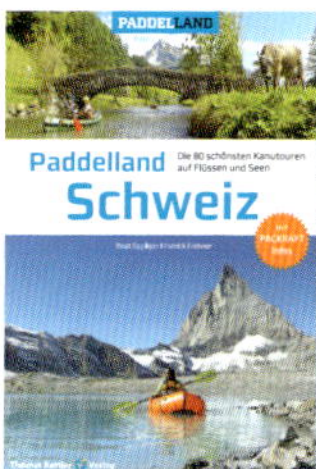

PADDELLAND
Schweiz

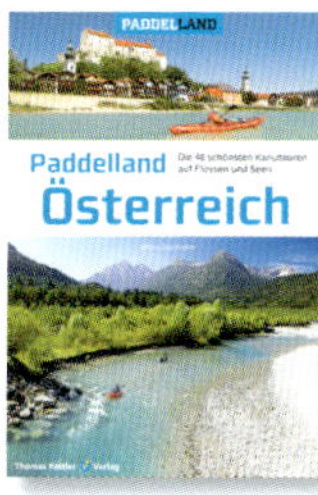

PADDELLAND
Österreich

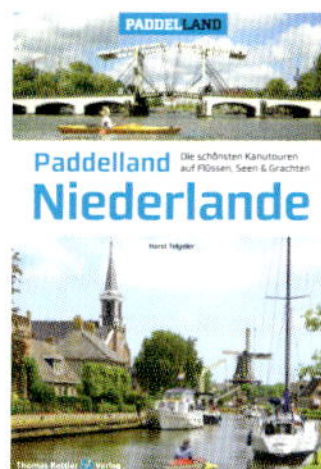

PADDELLAND
Niederlande

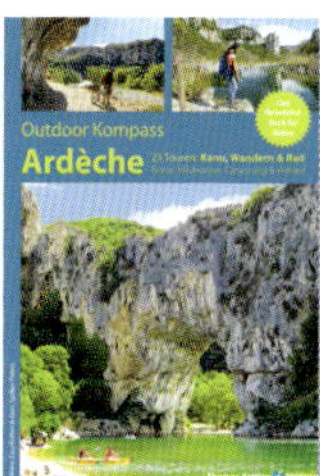

OUTDOOR TOUREN
Ardèche
Kanu - Rad - Wandern
Wildwasser, Canyoning, Höhlen

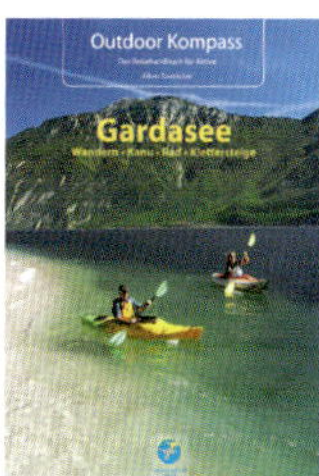

OUTDOOR TOUREN
Gardasee
Wandern - Rad - Kanu - Klettersteige

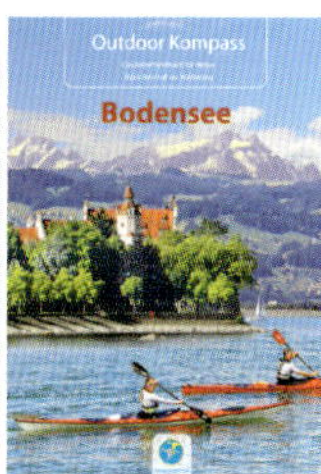

OUTDOOR TOUREN
Bodensee
Wandern - Rad - Kanu

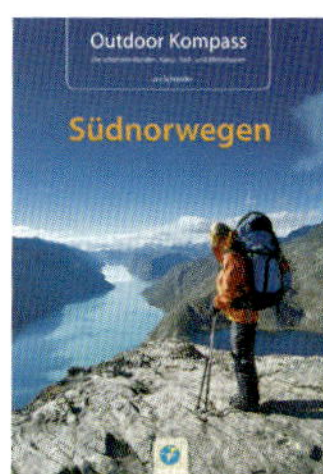

OUTDOOR TOUREN
Südnorwegen
Wandern - Rad - Kanu - Winter

Mehr Bücher aus der Reihe KANU KOMPAKT

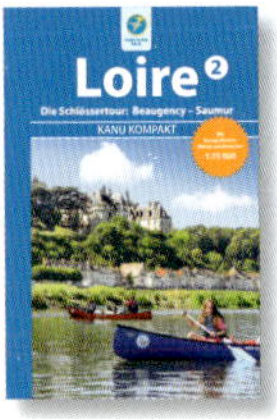

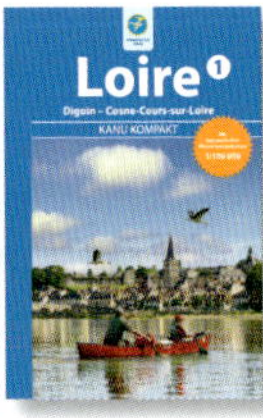

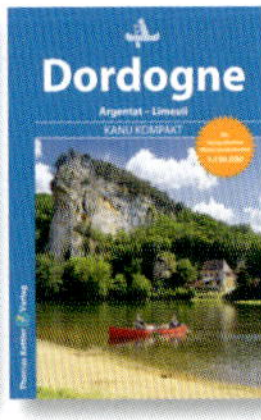

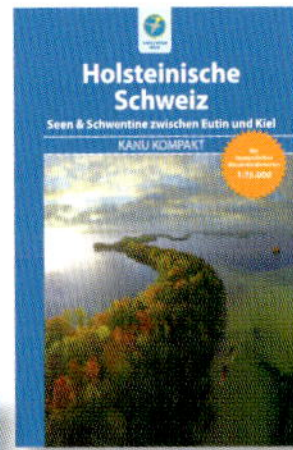

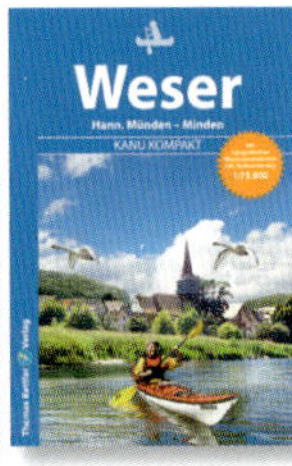

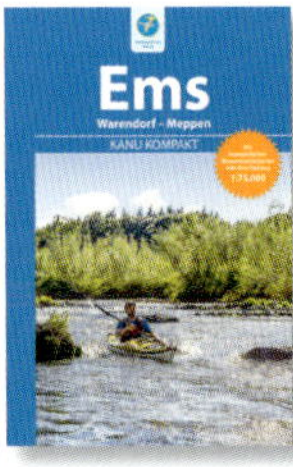

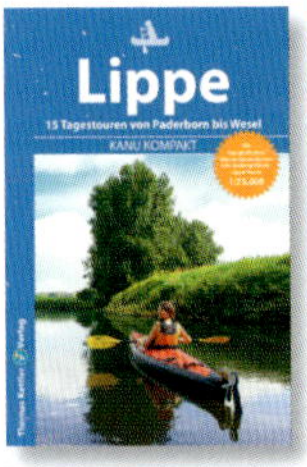

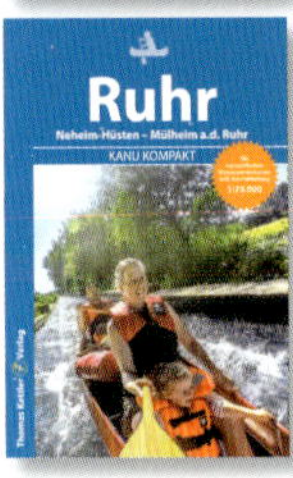

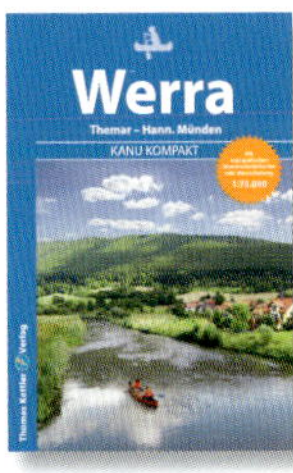

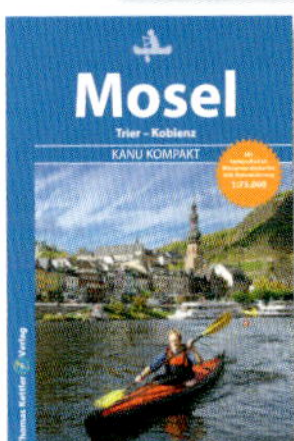

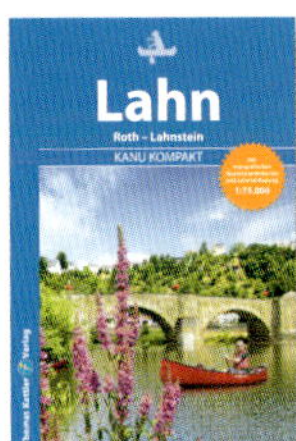

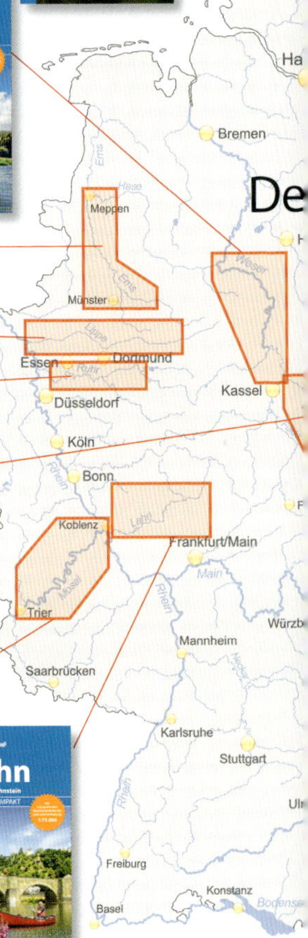

Karte: ©Fotolia by Adobe

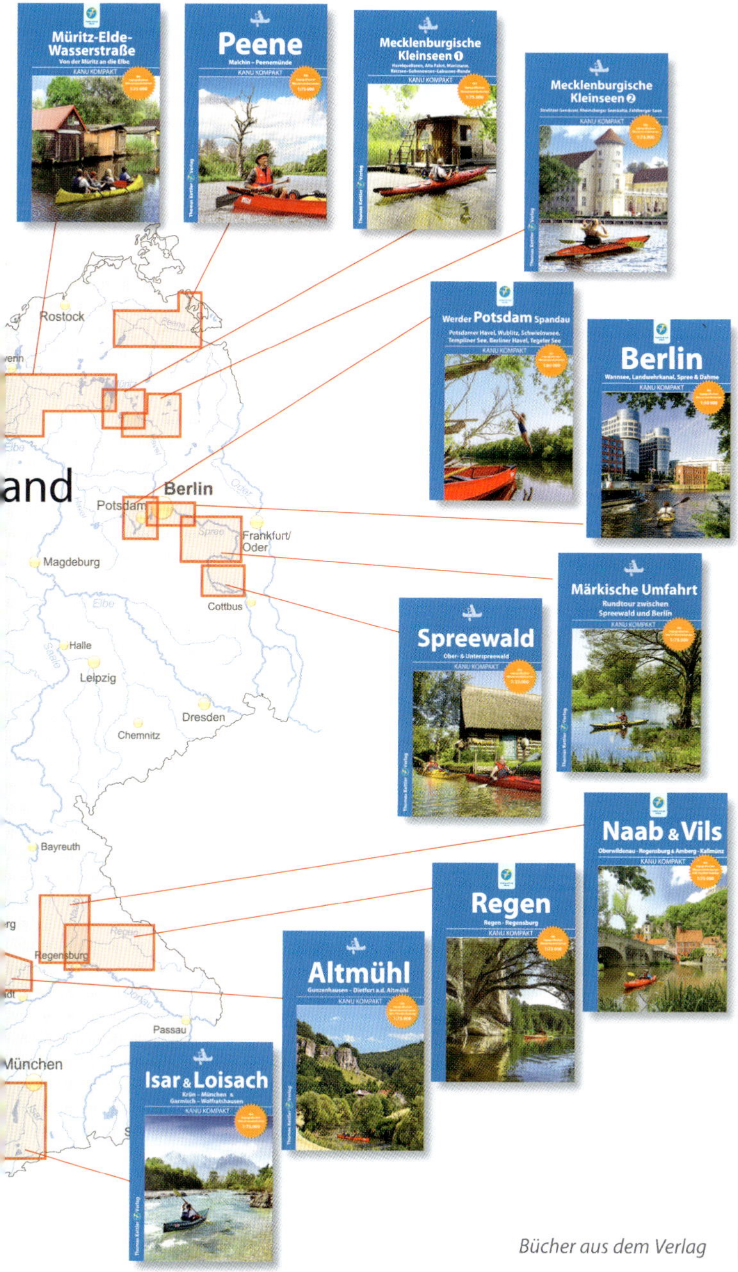
Müritz-Elde-Wasserstraße
Von der Müritz an die Elbe
KANU KOMPAKT
Peene
Malchin – Peenemünde
KANU KOMPAKT
Mecklenburgische Kleinseen 1
KANU KOMPAKT
Mecklenburgische Kleinseen 2
KANU KOMPAKT
Werder Potsdam Spandau
Potsdamer Havel, Wublitz, Schwielowsee, Templiner See, Berliner Havel, Tegeler See
KANU KOMPAKT
Berlin
Wannsee, Landwehrkanal, Spree & Dahme
KANU KOMPAKT
Märkische Umfahrt
Rundtour zwischen Spreewald und Berlin
KANU KOMPAKT
Spreewald
Ober- & Unterspreewald
KANU KOMPAKT
Naab & Vils
Oberwildenau - Regensburg & Amberg - Kallmünz
KANU KOMPAKT
Regen
Regen - Regensburg
KANU KOMPAKT
Altmühl
Gunzenhausen – Dietfurt a.d. Altmühl
KANU KOMPAKT
Isar & Loisach
Krün – München & Garmisch – Wolfratshausen
KANU KOMPAKT
Thomas Kettler Verlag
Rostock
Peene
Müritz
Elbe
and
Berlin
Potsdam
Oder
Spree
Frankfurt/ Oder
Magdeburg
Cottbus
Elbe
Halle
Saale
Leipzig
Dresden
Chemnitz
Bayreuth
Naab
Regen
Regensburg
Donau
Passau
München
Isar

Register